UTAZÁS A NAGYVILÁGBA

Írta: Frank Hegyi

Forditotta: Ninetta Balogh

cistel

a könyv részbeni szponzora

A kiadásért felelős:

Frank Hegyi Publications

1240 Kilborn Place, Unit 5

Ottawa, Ontario

Canada K1H 1B4

www.hegyipublications.com

Contents

AJÁNLÁS 5

BEVEZETŐ 7

FELNŐTTÉ VÁLÁS A HÁBORÚS ÖVEZETBEN 9

ÉLET A KOMMUNIZMUS IDEJÉN 23

SZABADSÁGHARCOS 43

EGY FÉLBETÖRT ÉLET ÚJRAÉPÍTÉSE 63

VISSZATÉRÉS A SZÜLŐFÖLDEMRE 135

SZAKMAI SIKEREK 147

UTAZÁS A SZOVIETUNIÓBA 161

NEMZETKÖZI KALANDOZÁSOK 179

CSATLAKOZOM A MAGÁNSZEKTORHOZ 211

VÉGKÖVETKEZTETÉS 226

AJÁNLÁS

Nagyapa sohasem járt 100 km-nél távolabbra a falutól. Sohasem volt moziban, de olvasott néhány könyvet, and beleértve a Bibliát is. Minden nap elolvasta az újságot és alkalmanként a divatos színes magazinokban szereplő képeket nézegette, amelyek a nagyobb városokat, különösen Bécset mutatták be. A nagyvilágról alkotott elképzelése ezekből a képekből állt össze.

Nem meglepő, hogy három éves koromban Nagypapától megihletve, miután anyukám összeszidott, némi élelmet raktam egy kosárba és világgá mentem. Falusi papunk, aki amatőr fotográfus volt, és mindig magával cipelte a fényképezőgépét, látta amikor elhagyni készültem a házunkat és megkérdezte hová megyek. Azt válaszoltam, hogy elmegyek és megnézem a *Nagyvilágot*.

Ezt a könyvemet Nagypapának ajánlom.

Bevezető

Ez a könyv a "Merd megtenni a következő lépést" c. mű első kiadásának átdolgozott változata. Néhány hivatkozással jelölt szakaszt más könyvekből vettem át.

Ezek elsősorban a következők:

- A Dél-Amerikában játszódó fejezet az Agyvérzés című könyvből származik; továbbá

- Rákbetegségemről pedig A halál várhat c. művemben írtam.

Ezt a könyvet nagyapámnak ajánlom, aki rengeteg kitalált történetet mesélt nekem a *Nagyvilágról*.

Felnőtté válás a háborús övezetben

A második világháború vége táján Nyugat-Magyarországon éltünk, ahol a Vörös Hadsereg és a német katonák házról-házra dúló harcot vívtak egymás ellen. Miközben a front visszafelé húzódott és távolodott, egy földalatti bunkerben rejtőztünk el. Amikor a németek kezében volt a falunk, néhány katona estére bejött a házunkba, hogy átmelegedjenek.

Hat éves voltam akkor és emlékszem rá, hogy egy Hans nevű katona térdén ültem, miközben ő egy német dalt énekelt nekem, amelyet a fiának, aki velem egyidős volt, szeretett volna elénekelni. Hans beszélt egy kicsit magyarul és elmondta a szüleimnek, hogy bár hosszú ideig távol volt a családjától, reméli, látja még a fiát és a feleségét.

Egy, a németek és az oroszok között zajló házról-házra húzódó harc alkalmával éppen visszatértünk a házba a bunkerből, ahol rejtőztünk és ott találtuk a mozdulatlanul fekvő Hans-t. Mindenütt vér borította.

Nagyapám haraggal eltelve szitkozódott; "átkozott Hitler, átkozott Sztálin, átkozott háború."

A szüleimnek volt egy kis parasztgazdasága, ahol rozst, búzát, krumplit, káposztát és kukoricát termeltek. A farmhoz tartozott egy néhány parcellából álló legelő is. A ház mögött gyümölcsfák voltak és nyáron rengeteg almánk, sárgabarackunk, szilvánk, cseresznyénk, diónk és körténk termett. A házunk elég nagy volt ahhoz, hogy külön hálószobánk legyen, ahol mind az öten aludtunk. Volt egy konyhánk, amelyben egy fatüzelésű

9

kályha és egy nagy asztal is volt, egy kamránk, és a ház mögött állt egy istálló a tehenek és a lovak számára. Az állatok eledelét egy szénatárlóban őriztük.

A szüleim hosszú órákat töltöttek munkával a gazdaságban haszonnövények ültetésével, a burgonya és a kukorica ültetvények kapálásával, valamint a nyár végi aratással. Rám nem jutott túl sok idejük, így nagyon közel kerültem a nagyapámhoz, aki mindig elérhető volt számomra. Rengeteg időt töltöttünk a tehenek gondozásával; amikor az állatok a réteken legeltek, nagyapámnak mindig voltak új történetei a világról, amely a mi kis falunkon túl létezett. Nagyapámat a faluban népszerű mesemondóként tartották számon; vasárnap délutánonként néhány barátom átjárt hozzánk, hogy izgalmas történeteit hallgassák. Magam is nagy örömmel hallgattam ezeket az elbeszéléseket és hatásukra elhatároztam, hogy megnézem magamnak ezt a *Nagyvilágot.*

Egy nap elindultam, hogy felfedezzem. Némi útravalót pakoltam egy kosárba és elhagytam az otthonomat. Már majdnem három éves voltam, s készen álltam a kalandra. Nem jutottam messze a házunktól, amikor Lenarsics tiszteletesbe ütköztem, a falusi papba és amatőr fotográfusba, aki a könyv elején található képet készítette rólam.

Ezt követően édesanyám több időt töltött velem és gyakran kijött hozzánk a konyhából a verandára, ahol nagyapa különleges széke állt, amelyen szokás szerint ültünk; ő a széken, én az ő térdén; és történeteket mesélt. Úgy tűnt, édesanyám is kedvelte a történeteit, mert gyakran kérdezte őt: "És azután mi történt?"

1 kép: Édesanyám és én.

2 kép: Édesapám és én.

3 kép: A ház, amelyben születtem.

Miközben cseperedtem, fontos feladat volt a faluban a tehenek legeltetése a hegyi legelőkön és a közeli erdőben. Nagyapa és én gyakran kaptunk ilyen megbízást, amelyet igazán örömmel végeztünk. Ilyen alkalmakkor el szokott rejteni a zsebei egyikében egy darab kenyeret, amit számomra tett félre, mert tudta, hogy a friss levegőn néhány óra elteltével meg fogok éhezni. Jókedvűen figyelte, hogyan próbálom feltűnés nélkül megtalálni a kenyeret. Órákig ültünk a lombok alatt, miközben történeteket mesélt - mindig csak a *nagyvilágról*. Amikor a bécsi arisztokrácia képeit látta a magazinokban, számos történetet talált ki róluk, hogy hogyan éltek, milyen lovaskocsin utaztak és milyen finom ételeket ettek.

A történetek elvittek minket az óceánon (*nagy vízen*) túlra, messzi országokba, ahol nagy-nagy mezők várták a legelő teheneket. Ezt az országot így nevezte: Amerika. Amikor megkérdeztem őt, hogy elmehetnénk-e oda együtt, hogy megnézzük a *nagyvilágot*, elmosolyodott a bajusza alatt és így válaszolt: "Csak az álmainkban".

Vasárnap reggelenként mindannyian a római katolikus templomba mentünk a 11 órás misére. Ez volt az az időpont, amikor a falusi emberek a legjobb vasárnapi öltözetüket magukra öltve felvonultak. Lenarsics tiszteletes mindig érdekes történeteket idézett a Bibliából, mi pedig rettegve hallgattuk, amikor a pokolról beszélt; a helyről ahol végezni fogjuk, ha nem úgy viselkedünk, ahogy ő azt nekünk tanácsolta.

A mise után az emberek kint a templom körül álltak és a farmjaikon végzett munkáról beszélgettek, illetve fiatal párokról pletykáltak, akik elkezdtek együtt járni, vagy fiatal hölgyekről, akik az előző éjszaka részegeskedtek. Mi gyerekek is velük hallgattuk ezeket a történeteket, amíg valaki ránk nem kiabált, hogy menjünk és játszunk valahol máshol.

Anyám gondoskodott róla, hogy vasárnaponként templomba járjak, és hogy délelőttönként, a mise előtt, megjelenjek a hitoktatáson, és ministráljak az oltár mellett. Lenarsics tiszteletes különösen odafigyelt, hogy részt vegyek a katekizmus órákon és a ministrálásban, és azt javasolta édesanyámnak, hogy taníttasson papnak.

Amikor édesanyám leült mellém és elmondta, hogy a tiszteletes mit mondott neki, nagyon izgatottá váltam. Buzgón válaszoltam, "Igen anya, ha nagy leszek, pap leszek." Alig vártam, hogy apám hazajöjjön a mezőről és elmondhassam neki, mi akarok lenni, ha felnövök. Ám kiderült, hogy apám nem volt boldog ettől a hírtől, mert - elmondása szerint - azt szerette volna, ha gazda leszek, akárcsak ő. Azt is megkérdezte tőlem, hogy tudom-e mért hordanak a papok hosszú fekete köntöst.

"Nem tudom. Miért?" – kérdeztem.

Így válaszolt, "Mert fel kell hagyniuk a pisiléssel." Ezért hordanak mindig hosszú fekete köntöst." Apám mindig mindent jól tudott, így hát hittem neki.

Szerencsétlenségére, amikor a tiszteletes legközelebb ellátogatott hozzánk, megkérdeztem: "Tényleg nem szabad pisilniük?" Aznap éjjel apám a szénatárlóban aludt és vasárnap el kellett mennie gyónni.

Aztán békés kis világunkat felrázta a háború.

Először végignéztük, amint egy vasárnap a templomból kifelé jövet az SS katonái és a magyar rendőrség egy teherautóra kényszeríti a Rosenthal családot. Rosenthal úrnak volt egy boltja, ahol cukorkát szoktam vásárolni. Mindig adott nekem egy szem ajándék cukorkát, és mindig kedves volt hozzám, Ferikének szólított. A fegyvereikkel ütötték őket, miközben elhurcolták őket az otthonukból.

Láttam a fiát, akit szintén Ferikének hívtak, amint sírva rohan az édesapja után "Papa, Papa, szeretlek."

Rosenthal úr felvette Ferikét. Láttam, hogy ő is sír. A katonák egyike a fegyverével gyomron vágta Rosenthal urat, aki a teherautóba zuhant, miközben még mindig a karjában tartotta a fiát.

Megkérdeztem édesapámat, "Mért viszik el Rosenthalékat a katonák?"

Apám szomorúan így válaszolt: "Azért mert Rosenthalék zsidók, az SS pedig nagyon gonosz. A nácik koncentrációs táborokba zárják a zsidó embereket és megölik őket."

Nemsokkal később, miután Rosenthalékat elhurcolták, német katonákat láttunk átmasírozni a falunkon. Fiatal férfiakat toboroztak a faluban, hogy csatlakozzanak hozzájuk. A falubeli családok egyike nagyon szegény volt. Nem volt meleg télikabátjuk és csizmájuk. Két fiuk csatlakozott a németekhez és dicsekedve mutogatták csinos ruháikat, amelyeket a katonáktól kaptak.

A háború végéhez közeledve a németek megszállták a falunkat. Még emlékszem az SS átvonulására a fő utcán, melyet az ablak mögé rejtőzve figyeltünk. A katonák bejöttek a házunkba és elvitték apámat, más férfiakkal együtt, hogy lövészárkokat ássanak, mikor a front visszafelé húzódott Oroszországból Magyarországon keresztül. Egy hónapig nem láttuk apámat. Egy éjjel visszatért; sikerült elmenekülnie, mikor a lövöldözés a német és orosz katonák között felerősödött. Azt mondta, hogy előre láthatólag a front bármelyik pillanatban elérheti a falunkat, fel kell készülnünk rá.

Másnap reggel apám, nagyapám és anyám elkezdtek ásni a hátsóudvarban; egy bunkert készítettek, amelyben elrejtőzhetünk. A puszta földbe ástak egy lyukat, ami körülbelül nyolc láb széles, nyolc láb hosszú és nyolc láb mély volt, és két láb magasságig szénával bélelték ki az alját. Az egyik végén lépcsőt készítettek a lejutás végett. Falécekkel letakarták és befedték némi földdel, amit a kertből hoztak át, hogy nagyméretű virágágyásnak tűnjön. A bejáratát szénával borították, így senki sem gyaníthatta, hogy valójában egy bunker volt.

15

Estefelé a harcok elérték a falunkat, ezért a szüleim, a nagyapám és én élelmet és meleg takarókat vittünk magunkkal a bunkerbe. Éjszaka hallottuk a katonák rohangászását odakint, először német, majd orosz kiálltozást. A csatározás több mint egy hétig tartott és a falunk számtalan alkalommal gazdát váltott. Amikor úgy tűnt, hogy a harcok abbamaradtak, apám visszavitt a házhoz, hogy még több élelmet vigyünk le magunkkal. Nagyapám anyámmal együtt a bunkerben maradt, hogy megóvja őt, ha netán néhány katona felfedezné a búvóhelyünket.

A lövöldözés újrakezdődött, amikor apám és én éppen visszatérőben voltunk a házból; a katonák egymást üldözték. Egy alacsonyan repülő angol gép gépfegyverlövedékekkel terítette be a házunk oldalát. Apám felkapott és rohant velem, miközben lövedékek becsapódtak a talajba. A csodával határosan sérülés nélkül visszajutottunk a bunkerbe.

1945. április 4-én Magyarországot hivatalosan is felszabadította a Vörös Hadsereg és az élet lassanként visszatért a béke állapotába. Ennek ellenére az emberek a faluban még féltek az orosz katonáktól, akik gyakran vettek részt rabló ivászatokon, miután túl sok vodkát fogyasztottak. Ilyen alkalmakkor apám a kacsáknak készített kisállatólba rejtette anyámat, hogy megvédje őt a részeg orosz katonáktól.

Apám igen haragudott a politikai helyzet miatt, ami a második világháború után előállt. Emlékszem, 1949. Szeptemberében, amikor 6 osztályos lettem és vörös úttörőnyakkendővel mentem haza, el akarta égetni. A nagyapám elmagyarázta neki, hogy a diákoknak nincs választási lehetőségük a fiatal kommunista csoporthoz való tartozással kapcsolatban, és ha apám elégetné a nyakkendőt, bebörtönöznék őt érte.

Az iskolai barátaim egyike egyszer bajuszt rajzolt a kommunista vezető politikus, Rákosi Mátyás képére, amiért az iskolaigazgató komolyan megbüntette. A rendőrség elvitte az apját egy hónapra. Amikor hazajött, nagyon csendes volt. A barátom elmondta, hogy a rendőrség számos alkalommal megverte az apját. Ezután már féltünk a rendőrségtől, különösen az AVH-tól, melyet a falusi emberek Titkos Rendőrségnek neveztek.

Apám megkért, hogy senkinek se beszéljek azokról a dolgokról, amit otthon hallottam a kormányzat képviselőivel vagy a rendőrséggel kapcsolatban. Ő is tartott attól, hogy esetleg elviszik és megverik. Összehívott egy családi megbeszélést is, amit zárt ajtók és ablakok mögött tartott, és elmondta, hogy öccsét, Istvánt, azzal gyanúsítják, hogy szimpatizál Titóval. Amikor Rajkot kivégezték, István, attól való félelmében, hogy a Rákosi-csoport bebörtönözheti, Jugoszláviába menekült. Szerencsétlenségére a Moszkvához lojális jugoszláv határőrök visszaszolgáltatták őt a magyar hatóságoknak. Istvánt először az AVH kínozta Szombathelyen, majd Budapesten, ahol az AVH főhadiszállása volt. Ezt követően Istvánt Recskre szállították, egy haláltáborba, melyet az AVH politikai okból bebörtönzött emberek számára létesített.

A családunk nagyon félt az ügy lehetséges következményeitől. Általános iskolába jártam, és az iskolaigazgató meggyőződéses kommunista volt. Apám szólt, hogy legyünk nagyon körültekintőek, hogy kivel beszélünk, és mindig mindig győződjünk meg róla, hogy nem kritizálunk kommunista vezetőket vagy ezek cselekedeteit. Híreszteléseket hallottunk olyan családokról, akiket reakcionistának nyilvánítottak. Sokukat az Alföldre deportálták. Egy nagybácsival a családban, akit Recskre internáltak, és egy másikkal, aki rendőrként dolgozott a Horty-rezsim idején, apám aggódott, hogy deportálás célpontjává lehetünk. Ezek után napról-napra félelemben éltünk, a deportálás lehetőségével számolva.

Az iskolában április 4-én (a Felszabadulás Napja) és Május Elsején az iskolaigazgató vezetésével skandáltuk: *Tito merges kígyó*. Abban az időben még nem értettük, mért kellett Titót és a jugoszláv embereket gyűlölnünk.

Apám erősen kötődött a földhöz, amit a nagyapámtól örökölt. A farmunk teljes területe körülbelül harmincöt hektárt tett ki.1952-ben országos szinten a legjobb terméshozamot értük el. Elegendő rozs, búza, árpa, kukorica, cukorrépa és burgonya állt a rendelkezésünkre, hogy a következő aratásig kényelmesen megéljünk belőle. Apám azt tervezte, hogy a termény egy részét eladja a közeli piacon, s így némi készpénzhez jussunk, melyből legszükségesebb ruhaneműket és háztartási cikkeket, melyeket a farmon nem tudtunk előállítani, megvásárolhattuk. Ugyanakkor, az aratás befejezését követően, a helyi kommunisták felkerestek minket otthonunkban és felszólították apámat, hogy csatlakozzon a szövetkezethez. Apám meglehetősen makacsul viselkedett és visszautasította a kérésüket. Anyám könyörgött neki, hogy tegyen úgy, ahogy azt megmondták neki, de ő elutasította az ajánlatot. Nem sokkal ezután a helyi kommunisták egyike megfigyelés alá vonta a házunkat. Az elvtársnő különféle indokokkal elkezdett súlyos összegű büntetéseket kiróni ránk, beleértve az olyan 'kihágásokat', mint a tehenek külterületen elpottyantott trágyája

18

vagy a család kutyájának túl hangos ugatása. A rendbontások listája véget nem érő és ésszerűtlen volt. Végül apám megadta magát a kommunisták követelésének, de akkoriban a téli élelmiszer-ellátmány nagy részét elveszítettük.

1952. júniusában befejeztem a 8 osztályt és reméltem, hogy gimnáziumba mehetek. Apám a szövetkezetbe való belépés ügyében tanúsított ellenállása, és a nagybátyám bebörtönzése meghiúsította ezt a vágyamat. Elutasították a középiskolai jelentkezésemet és átirányítottak fizikai munkára a helyi szövetkezetbe.

Időközben beállt a tél, a rendelkezésünkre álló élelmiszer nagy része elfogyott. Apám a szövetkezet istállóiban dolgozott, a teheneket gondozta. Így minden nap volt lehetősége tejet hazahozni, de a jövő évi aratás előtt nem tervezték a munkája kifizetését. A kommunisták a lelkét törték meg, amikor lehetetlenné tették, hogy gondoskodjon a családjáról. Apám mindig is nagyon büszke ember volt, egy kissé túl makacs. Éhező családja látványa mély depresszióba taszította. Egy éjszaka, miközben hét éves húgomat figyeltük, hogyan sírja álomba magát az éhségtől gyötörve, fellángolt a kommunisták elleni gyűlöletem. Megesküdtem, hogy a megfelelő alkalommal elégtételt veszek mindezért. Most viszont a család túlélésére kellett összpontosítanom.

Másnap elmentem a szövetkezetbe és megkérdeztem a vezetőt, hogyan tudnék pénzt keresni, hogy élelmiszert vehessünk a családnak. Azt mondta, hogy a szövetkezetnek makkra van szüksége a disznók számára. Hazamentem, majd anyám és én három kilométert gyalogoltunk a hóban a közeli erdőig, ahol makkot termő tölgyfák álltak. Nem engedhettük meg magunknak, hogy kesztyűt vásároljunk. Ehelyett rongydarabokat használtunk a kezünk befedésére, mikor a hóréteget a makkokról lesöpörtük. Mindketten félig szedtük a zsákunkat, majd a rakományt a fejünkre téve cipeltük el a faluba. Ebből némi készpénzre tettünk szert, hogy élelmiszert vásárolhassunk. Heti egy alkalommal elkerekeztem a szomszédos városba, Sárvárra, ami tíz kilométer távolságra volt a falunktól és akár két órát is sorban álltam, hogy egy vekni kenyeret vegyek. Állandóan szűkös ételünk kenyérből és tejből állt, vasárnaponként pedig anyám leölt egy-egy csirkét, hogy valami teljesebb ételt ehessünk, például csirkepaprikást.

Mielőtt apánkat rákényszerítették, hogy csatlakozzon a szövetkezethez, volt egy szőlőültetvényünk amely remek termést adott, öt 150 literes hordónyi bort is megtermelt. Apám újra felnyitotta az istállóba rejtett pincét, ahová a bort szoktuk elrejteni az orosz katonák elől. Erős kötelek segítségével leeresztettük a hordókat a pincébe, majd falécekkel és szénával takartuk be őket.

Szerencsénk volt, a kommunisták sohasem fedezték fel ezt a családi kincsestárat. 1952 decembere táján a bor kellőképpen érett és iható volt. Anyám és én elvittünk tíz litert a legközelebbi városba és eladtuk olyan embereknek, akikről tudtuk, hogy sohasem jelentenének fel érte bennünket. A bor feketepiaci értékesítése illegális tevékenységnek számított, ha elkapnak bennünket, mindketten börtönbe kerülünk. A bor értékesítéséből származó bevéltelek lehetővé tették, hogy a család a falu kisboltjában hozzájuthasson a legalapvetőbb dolgokhoz.

Nagyapám összegyűjtött almát, szilvát és más gyümölcsöket, amelyek minden ősszel a fa alatt hevertek.

Hordóba tette őket és a hordót befedte földdel. Télen a nagyapám és én éjféltájt szánkóra tettük a hordót és elhúztuk a több mint öt kilométer távolságra lévő erdőbe, ahol egy illegális lepárló működött. A következő három éjszakán visszatértünk, hogy elhozzuk a többi hordót is, majd készen álltunk a pálinkakészítésre. A lehullott gyümölcsöt tartalmazó hordók meglehetősen bő mennyiségű gyümölcspárlattal láttak el bennünket, melyet aztán a következő éjszaka folyamán hazaszállítottunk.

Anyám és én hetente egyszer vittünk néhány üveggel a városba, és eladtuk a feketepiacon. Ezáltal könnyebben jutottunk készpénzhez, a makkgyűjtéssel összevetve, melyet a hó alól kellett kikaparnunk. A megszerzett pénzt élelmiszer vásárlására fordítottuk.

Élet a kommunizmus idején

A második világháború alatt létezett egy kommunista egység, melyet Rajk László, a spanyol polgárháború veteránja, egykori kommunista ifjúsági vezető irányított, és amely földalatti tevékenységet folytatott Magyarországon. Egy másik egységet Rákosi Mátyás irányított Moszkvából. Miután a Szovjet Vörös Hadsereg 1944 szeptemberében bevonult Magyarországra, Rajk szervezete előlépett addigi rejtekéből és a Rákosi-csoport is visszatért. Rákosi párton belüli befolyását erősítették a szovjetekkel fenntartott szoros kapcsolatai, és ez rivalizáláshoz vezetett a moszkoviták és Rajk követői között.

1942-ben Rákosi vezető politikussá lett a Magyar Kommunisták között. 1945. január 30-án tért vissza Magyarországra, amikor a szovjet vezetés Debrecenbe, a kormányzat ideiglenes székhelyére küldte, hogy megszervezze a Kommunista Pártot. 1945. február 22-én Rákosit a Magyar Kommunista Párt Központi Bizottságának Főtitkárává választották.[1]

Rákosi önmagát, mint "Sztálin leghűbb magyar követőjét" és "Sztálin legjobb diákját" jellemezte. Ő találta ki a szalámi taktikák kifejezést is, mely az ellenállás fokról-fokra (szeletről-

---

[1] *Mátyás Rákosi (1892-1971)*

http://www.rev.hu/history_of_56/szerviz/kislex/biograf/rakosi.htm .

szeletre) történő kiiktatásához kapcsolódott. Rákosi, aki Sztálin politikájának és gazdasági programjainak imitátora volt, irányítása alatt, Magyarország az egyik legbrutálisabb diktatúrát tapasztalta meg Európában.

1945 májusa és novembere között Rajk a Magyar Kommunista Párt Budapest Bizottságának titkára, majd 1946 márciusától a Magyar Kommunista Párt Főtitkárhelyettese volt.

Belügyminiszterként Rajk megszervezte a Magyar Kommunista Párt magánhadseregét és a brutális Titkosrendőrséget (egy a német SS-hez és az orosz KGB-hez hasonló szervezetet). "A fasizmus és a reakció elleni harc" és a "proletariátus hatalmának védelme" leple alatt számos vallásos, nemzeti, demokratikus és radikális intézményt és csoportot betiltott és kiiktatott (ezek száma megközelítette az 1500-at).

1948 szeptemberében Kádár Jánost választották belügyminiszterré, aki új név alatt - AVH (Államvédelmi Hatóság) - kibővítette a Titkosrendőrség hatáskörét. Kádár Fiumében (a jelenlegi Rijekában, Horvátországban) született; élete első hat évét nevelőszülők mellett töltötte, míg visszakerült az édesanyjához, aki tizennégy éves koráig iskolába járatta őt. Írógépszerelő képesítést szerzett, tizenhét éves korában csatlakozott a munkavállalói érdekképviselet ifjúsági csoportjához, és 1931-ben belépett az akkor illegális Magyar Kommunista Pártba. Ezt követően Kádárt törvényellenes politikai tevékenységek miatt többször letartóztatták. 1933-ban két év börtönbüntetésre ítélték.

1946-ban Kádárt kinevezték a Magyar Kommunista Párt Főtitkárhelyettesévé. 1949-ben Rajk ellenében választották belügyminiszterré.[2]

Kádár messzemenően kiterjesztette az AVH hatáskörét, belefoglalva a határok, a vízi- és légi utak őrzését, a külföldiek mozgásának felügyeletét, az útlevelek és a vízumok kibocsátásának ellenőrzését. A 40.000 titkosügynököt számláló szervezet az egész országot lefedte, és megközelítőleg 1.8 millió állampolgárról (a lakosság 18%-a) állítottak össze feljegyzéseket; személyekről, akiket biztonsági kockázatnak tekintettek. Ez a hirtelen expanzió azért vált lehetségessé, mert Péter Gábor közvetlenül Rákositól kapta az utasításait.

Rákosi leginkább azért komponálta meg Rajk látványperét, mert Sztálinnak akart kedvében járni, aki gyűlölte Tito Marshallt. Rákosi megkérdezte Sztálint, hogy Rajk milyen büntetést kapjon. Sztálin kezdetben életfogytig tartó börtönbüntetést javasolt, ám két nappal később a halálbüntetést ajánlotta. Rajkot elrettentő példának szánták Sztálin Tito-ellenes tisztogató akcióinak kezdetén. Rajkot Dr. Szőnyi Tiborral és Szalai Andrással együtt akasztás általi halálra ítélték.

Kádár Péter Gáborral és Farkas Mihály (Honvédelmi Miniszterrel) a börtönudvarra néző ablak mögül nézte végig az akasztást. Amikor vége lett, pálinkával (szilva brandy) koccintottak

---

[2] http://en.wikipedia.org/wiki/J%C3%A1nos_K%C3%A1d%C3%A1r

25

annak az AVH tisztviselőnek az egészségére, aki fizikai és szellemi kínzást alkalmazva megszerezte Rajk hamis vallomását.

Rákosi kiállt a szovjet kollektivizációs modell mellett, melyet Sztálin az 1920-as évek végén vezetett be, azzal a céllal, hogy a termőföldek és a munkaerő szövetkezet elnevezésű kollektívákba történő szervezésével (kolhozok) a mezőgazdasági termelést növeljék. 1948 júliusában a kormányzat rendeletei lehetővé tették a *nagygazdák* (magyar *kulákok*) nagyobb földtulajdonának kisajátítását azok esetében, ahol a terület nagysága meghaladta az ötvenhét hektárt. Ez a törvénykezés a Magyarország területe, kb. 93.000 km2, 35%-ának újraelosztását tette lehetővé.

Az ellenzéki pártok feloszlatásával és a kereskedelmi egyesületek megszűnésével a templomok a kommunistákkal szembeni ellenállás legfőbb forrásává lettek. A kormányzat a földreform véghez vitelével elkobozta az egyházi tulajdont és 1948 júliusában államosította az egyházi iskolákat. A protestáns egyházfőknek sikerült kompromisszumot kötniük a politikai vezetéssel, de a római katolikus egyház feje, Mindszenty József bíboros ellenállt. 1948. december 26-án letartóztatták.

1952 augusztusában Rákosi Magyarország miniszterelnöke lett. Tekintélyelvű diktatúrája nem ismert határokat. Utasítására az AVH kommunisták ezreit börtönözte be és kínoztatta meg, mert veszélyforrásnak tűntek a kopasz gyilkos és diktátor szemében. Rákosi és a kommunisták országlása idején a szekularizmust és az ateizmust részesítették előnyben, egyidejűleg tiltották a cionizmust és a zsidó vallás gyakorlását; számos zsidót üldöztek el a városokból egy időre vidékre. Rákosi

26

zsidóellenes támadását azok az antiszemita fejlemények szították, amelyek az idő tájt a Szovjetunióban kibontakoztak.

1953. január 3-án Pétert - a zsidó doktorok kirakatperének ellenlépéseként - a Szovjetunióban letartóztatták, mert szintén zsidó származású volt (bár ő nem volt vallásgyakorló). Ez valójában Rákosi utasítására történt, aki így fejezte ki lojalitását Sztálin felé, aki szintén antiszemita tendenciákat képviselt. A magasrangú kommunisták üdvözölték ezt a fejleményt, mert sosem lehettek biztosak benne, hogy nem ők lesznek-e a következők, akik esetében Péter internálást és kínzatást rendel el.

1953. március 5-én a szovjet diktátor, Sztálin meghalt. Halálának hírei és körülményei aggasztották Rákosit. Megbízható beszámolók szerint 1953. március 1-én, egy egész éjszakán át tartó vacsorát követően, amelyen Beria belügyminiszter és más magasrangú kommunista vezetők, köztük Malenkov, Bulganin és Hruscsov is részt vettek, Sztálin már nem kelt fel a székéből. Megállapították, hogy valószínűleg agyvérzést szenvedett, amely következtében testének jobb oldala lebénult. Különös módon a testőrök azt az utasítást kapták, hogy ne zavarják őt, így egészen estig nem fedezték fel a halottat. Egyes híresztelések azt állították, hogy Sztálint megmérgezték; és minden jel Beriára mutatott, aki a szovjet állambiztonsági és rendőri apparátus vezetője volt.

Kelet-Európában a Kremlben megnyilvánuló új szellemiség aggodalmat keltett a számos hatalmon lévő minisztálinban. 1953. júniusában Rákosit és több másik vezető pártképviselőt Moszkvába kérettek, ahol a Szovjet vezetés éles hangvételű kritikával illette őket Magyarország aggasztó gazdasági teljesítménye miatt. Rákosi megtartotta pártvezetői pozícióját, de a szovjet vezetők kényszerítették, hogy Nagyot nevezze ki miniszterelnöknek. Nagy gyorsan megnyerte a kormányzati hivatalok és az értelmiség támogatását. Véget vetett a tisztogatásoknak és elindította a politikai okból bebörtönzött személyek munkatáborokból történő kiszabadítását.

Miniszterelnökként a nemzetgyűléshez intézett első felszólalásában Nagy Rákosi ellen fordult a pártvezér által alkalmazott terror miatt; beszédét a párt lapjában is megjelentették. Nagy a Központi Bizottság előtt tartott beszédében *Új Szakaszt* vázolt fel Magyarország irányt váltó gazdasága számára, melyet a bizottság egyhangúlag jóváhagyott.

Az Új Szakasz legfontosabb intézkedései a túlzott mértékű hivatali példa statuálás elhagyását, valamint az emberekre nehezedő elnyomás megszüntetését érintették. Az amnesztiához kapcsolódó intézkedéseket négy nagy csoportba sorolták. Az elsőhöz kapcsolódóan számos embert kiengedtek a börtönből, felmentettek a bírságfizetés alól, illetve helyreállították jogképességüket, amely korábban rendőrségi feljegyzések miatt sérült. A második csoportban a kormányzat számos büntetéstípust és büntetés-végrehajtó intézményt, melyeket abban az időben alkalmazott, felszámolt. A kényszermunkatáborokat bezárták, és az olyan büntetéstípusokat, mint a belföldi száműzetés és a kötelező tartózkodási hely kijelölése megszüntették.

Bár az Új Szakasz 1954 augusztusára számos fontos eredményt elért, a megtett lépések nem minden területen vezettek áttöréshez. Minden esetben a Rákosi mögött álló csoport volt az, amely sikeresen támadta és gyengítette a reformokat. Ez azt jelentette, hogy Nagy stratégiái nem feleltek meg azoknak, akik Moszkvában a változásokat követelték. Sajnos a változtatások eredménye még nagyobb nyugtalanság lett, s nem az a rend, amit Moszkva keresett.

Világossá vált, hogy Nagy elképzelései lényegükben különböztek attól a szereptől, amelyet Moszkva 1953-ban ráosztott. A Kreml által kívánatosnak tartott változások békét és nyugalmat kellett volna hozzanak Magyarország számára, míg Nagy azon fáradozott, hogy valódi szocialista reformokat, a szocializmus valódi építését valósítsa meg.

1953 tavaszára az emberek a falunkban már fokozatosan hozzászoktak a szövetkezeti életstílushoz. Még apám is felhagyott a helyi kommunistákkal szembeni ellenállásával és elkezdett beilleszkedni az új körülmények közé. Nagy szaktudással rendelkező gazda volt, kiváló ültetvény-kapálási ismeretekkel rendelkezett és tudta, hogyan kell a gazdaság állatállományát ellátni. Kijelölt brigádvezetőként dolgozott, a szövetkezet néhány száz tehenét gondozta.

A szövetkezet vezetői nem képesített gazdák voltak. Sokukat csak azért léptették elő, mert csatlakoztak a kommunistákhoz és hűek voltak a szovjet stílusú mezőgazdasági gyakorlathoz. A falutanács elnöke, Mosonyi János, ugyancsak híján volt a kellő adminisztrációs készségeknek a falu ügyeinek vitelét illetően. Mosonyi korábban munkás volt, a talicskát tolta a főutak javításánál, kaviccsal és földdel töltötte fel a lyukakat. Hat általános iskolát végzett.

1949-ben Mosonyi belépett a Kommunista Pártba, és rögtön *előléptették* a falutanács elnökének hatalmi pozíciójába. A közjegyző, aki főiskolai végzettséggel rendelkezett és korábban a falu adminisztrátora volt, végzett minden munkát, János feladata pedig minden olyan dokumentum aláírása volt, mely a falu ügyeihez kapcsolódott, illetve a falusiak megjegyzéseit kellett kihallgatnia, hogy hitelt érdemlően meggyőződjön róla, senki sem kritizálja a kommunista vezetőket. Ha bármilyen alkalommal valaki nem megfelelő véleményt mondott, Jánosnak jelentenie kellett azt rendőrségnek, és az ilyen személyt a Titkosrendőrség vette kezelésbe. A büntetés rendszerint néhány hét elzárás és verés volt, míg az illető megvallotta bűneit és megígérte, hogy többé el nem követi őket.

1953. március 6-án, egy pénteki napon, munkásként dolgoztam a szövetkezeti erdőrészben, amely négy kilométer távolságra esett a falunktól. Dél táján a szövetkezeti felügyelők egyike odalovagolt a brigádunkhoz és a figyelmünket kérte:

"Elvtársak" – kezdte, "Nagyon szomorú híreim vannak. Mély szomorúsággal tudatom, hogy Sztálin elvtárs eltávozott az élők sorából."

Aztán megkértek minket, hogy egy perces néma csenddel emlékezzünk az elhúnyt diktátorra. Oda kellett figyelnem, hogy a jó hír hallatán el ne mosolyodjak.

Sztálin halálát követően az emberekre nehezedő kommunista elnyomás csökkent. Ez mindannyiunkat arra a változásokat hozó időszakra emlékeztetett, amikor Nagy Imre került Rákosi helyére a miniszterelnöki székbe. Nagy kiszabadította a politikai foglyokat, közöttük a nagybátyámat, Istvánt is. Amikor István, a nagybátyám hazatért a recski munkatáborból, a család összegyűlt - zárt ajtók mögött -, hogy meghallgassák a történetét. Csak nehezen hittük el, hogy emberi lények ennyire kegyetlenek tudnak lenni. Amíg Istvánt az AVH a szombathelyi fogdában őrizte, naponta brutálisan megverték. Amikor az AVH budapesti főhadiszállására került, ugyanarra a helyre, ahol Mindszenty bíborost is fogva tartották (Andrássy út 60.) a kegyetlenkedés hihetetlen mélységeket ért el.

István bácsi részletesen elmesélte a kínzatásokat, amelyekben része volt az AVH főhadiszállás alagsori helységében. Az éjszakákat mezítláb töltötte a cellában, amely beszivárgó vízzel és patkányokkal volt tele. A kegyetlenkedés az alábbiakból állt:

➢ Gumibotokkal végzett, az összeesésig tartó verés;

➢ Amikor már a padlón volt, két vagy három rendőr rugdosta csizmával, amíg elájult.

➢ Meztelenül kellett állnia egy kis cellában, és ha a falnak támaszkodott, fájdalmas áramütést mértek rá;

➢ Sót tömtek a szájába, mielőtt arra kényszerítették, hogy a WC-csészéből igyon vizet;

➢ Napokig éheztették;

➢ Több éjszakán és napon keresztül megakadályozták, hogy alhasson;

➢ Számos napon és éjszakán keresztül kéz- és lábbilincset viselt.

Bebörtönzött társai között egykori kommunista vezetők, szellemiségiek, írók, gazdák, munkások és papok voltak. Az őrök gyakran dicsekedtek azokkal a bánásmódokkal, amelyeket Rákosi talált ki - különösen papok számára. A durva verést követően adtak a papnak egy keresztet, hogy csókolja meg. A pap nem tudhatta, hogy a keresztet elektromos áram alá helyezték, az őt érő áramütés néha elég nagy volt ahhoz, hogy megölje a papot.

A kínzatás célja az volt, hogy hamis vallomásra vegyék rá az áldozatot, hogy beismerje: külföldi imperialisták és Tito ügynöke. Ha már nem tudta elviselni a fájdalmat, akkor aláírta a beismerő vallomást, amit már elolvasni sem tudott, hiszen a verés miatt bedagadtak a szemei. Aztán a recski munkatáborba szállították, amely haláltáborként volt ismeretes. Ott az volt a cél, hogy a bebörtönzötteket folyamatos kínzásnak tegyék ki. István elmondta, hogy az első nap, fagypont alatti hőmérsékleten, kivitték dolgozni, és amikor megbotlott és a hóba zuhant, az egyik őr elé, a férfi vasalt csizmájával a mezítelen kézfejére lépett és addig tiport rajta, amíg vér tört elő belőle. Istvánnak az ingéből kellett leszakítania egy darab anyagot, hogy bekötözze a kezét, hogy a kesztyű nélkül végzett munkát folytathassa.

István elmondta mennyire elszántan küzdött a túlélésért, bár az AVH őrök folyamatosan emlékeztették rá, hogy egy haláltáborban van. Ezt mondogatták neki: "Maga azért van itt, hogy szenvedjen és meghaljon, amint túl gyenge lesz a munkára." Így István minden nap megharcolt azért, hogy megtartsa az erejét. Miközben a kőfejtőben dolgozott, a nagybátyám minden nap fekvőtámaszokat és más erősítő gyakorlatokat végzett. Amikor hazajött, már nem fért bele abba a lovaglócsizmájába, amelyet az internálást megelőzően hordott. Lábizmai, a vádlijai átmérője megnövekedtek.

Amikor Istvánt (Pista bácsit) hallgattuk, a kommunisták ellen érzett haragom fokozódott. Nem tudtam megérteni, hogyan lehet valaki ennyire kegyetlen és embertelen egy másik emberrel szemben. Kívánságom, hogy elégtételt vegyek, újra visszatért, de tudtam, hogy az idő erre még nem alkalmas.

1953. júliusában azért könyörögtem apámnak, hogy engedjen középiskolába. Anyám szintén támogatta a kérésemet. Nagyapám ugyancsak mellettem érvelt, utalva arra, hogy szerinte sem kéne az életem hátralévő részét szövetkezeti munkásként leélnem. Apám ellenállásának fő forrása az volt, hogy az öccse is középiskolába ment és mégis haláltáborba jutott.

Én így vélekedtem "Most, hogy István bácsi szabad, Te pedig a szövetkezet elismert dolgozója vagy, már meg kellene engedniük, hogy középiskolába járjak".

Néhány megbeszélést követően apám engedett a többség nyomásának és elkísért engem a sárvári középiskolába. Az új politikai klímában az iskolaigazgató nagyon segítőkész volt és rögtön bejegyzett engem az elsőévesek közé. Ez a fordulat különösen boldoggá tett.

A nyár hátralévő részében gyümölcsöt szedtem a fákról a hátsóudvarunkban. Minden nap kora reggel felraktam egy teli kosarat a bicikli csomagtartójára, két másikat pedig két oldalra a kormányra, és elkerekeztem a sárvári piacra, hogy eladjam az almát, cseresznyét, őszi- és sárgabarackot, és szilvát, hogy némi pénz teremtsek elő a tankönyvekre és ruhákra. Ezzel jónéhány idős asszony, akik rendszeresen adtak el árut a piacon, tetszését elnyertem, és széles mosollyal jutalmazták próbálkozásaimat, hogy vevőket szerezzek. Ha megmaradt gyümölcs, eladtam ezeknek a hölgyeknek, hogy másnap reggel féláron továbbadhassák az árut.

Szeptemberre készem álltam a középiskola megkezdésére. A tortúra, melyet a szövetkezeti munkavégzés jelentett, véget ért. 1954 márciusában apám azzal a hírrel érkezett haza a szövetkezetből, hogy módja lenne kivenni gazdaságunkat a közös tulajdonból, így önálló gazdaként folytathatná tevékenységét. Anyám és apám véleményt cseréltek az ügyben, miközben mi, gyerekek figyelmesen hallgattuk őket. Apám már feladta korábbi elképzelését, hogy újra saját farmja legyen. Az igavonó szarvasmarhák már nem álltak rendelkezésre; nem volt fű a talajon; és ami végül a döntést befolyásolta: nem bízott a kommunistákban. "Mi van akkor, ha meggondolják magukat, mondjuk egy év múlva, akkor hogyan tovább? - fontolgatta hangosan. A szövetkezetben maradást választotta.

Én örömmel jártam középiskolába, sőt még költeményeket is elkezdtem írni. Sárvár tíz kilométerre volt a falunktól. Minden nap biciklivel mentem iskolába. Ősszel, reggelente néhány órát gyümölcs értékesítéssel töltöttem a piacon, majd iskolába mentem. Este az ablak mellett ülve tanultam. Amikor a nap lement, lámpást gyújtottam és folytattam a házi feladatok elvégzését. Sárváron már volt villanyáram, de a falunkban még nem.

Az írás búvóhelyet jelentett a számomra a turbulens politikai körülmények között, az akkori Magyarországon. Apám meglehetősen filozofikus alkat volt, és minden esetben érdekes módon írta le a politikailag domináns életstílust. Azt szokta mondani: "Fiam, légy óvatos. A kommunizmusban minél magasabbra mászol a létrán, annál nagyobbat esel a végén."

A tél folyamán csatlakoztam egy amatőr színjátszó csoporthoz és megkaptam a "Cigány kovács" című darab főszerepét. Ez meglehetősen nagy sikert aratott a faluban és sokan eljöttek, hogy elmondják, "Pont úgy nézel ki, mint a nagyapád."

Az iskolában elkezdtem érdeklődést mutatni a történelem iránt. A tankönyveink tele voltak a Szovjetuniót dicsérő szavakkal, a kommunisták átírták a magyar történelmet, azt állítva, hogy minden előző rezsim rossz volt, és kizárólag a kommunisták törődtek a munkások érdekeivel. Mindezt én kevéssé jól fogyasztható érvelésnek találtam, mindannak a fényében amit az apámmal és a nagybátyámmal szemben elkövettek. Miközben édesapámat nagyon szerettem, néhány döntésével, melyet a rezsimmel folytatott harcával kapcsolatosan meghozott, nem értettem egyet. Ismét a nagyapámhoz fordultam, hogy a kérdéseimre válaszokat kapjak.

Nagyapám azt mondta, "Te egy Hegyi vagy, és abból a vonalból származol, amely minden második generációban megpróbált valamit jobban csinálni, mint az előző."

Megkértem a nagyapámat, hogy meséljen egy kicsit a családunk történetéről. Ő örömmel beleegyezett. Nagyapám nagyon büszke volt a családunk származására, melyet 1847-ig vissza tudott vezetni, amikor is a Hegyik még a magyar nemességhez tartoztak.

"A családunknak", kezdte nagyapám a történetet, "jelentős kiterjedésű földterülete volt az osztrák határ közelében, és egy falu is tartozott hozzá. 1847-ben, amikor a nagyanyám megszülte elsőszülött fiát, tragédia sújtotta a házat - nagyanyám belehalt a szülésbe. A birtok intézője, akinek alig néhány héttel a tragikus események előtt szintén fia született, látta el a csecsemőt. 1848-ban a nagyapám csatlakozott a Habsburg Birodalom elleni forradalomhoz. Meghalt a harcokban, a földet pedig kapzsi rokonok ragadták magukhoz, akik nem adták ki az árva Hegyi gyermek részét.

"Apámat az egykori intéző szolgaként nevelte fel, egész életében a gazdaság munkásaként dolgozott. Én az egykori Hegyi Birtok napszámos negyedében születtem, 1870-ben. A négy elemi elvégzése után munkásként dolgoztam a farmon. Akkoriban húsz éves voltam, és vállalkozóként dolgoztam; a szomszédos földterületek ellátására tettem ajánlatokat: munkásokat közvetítettem burgonya és kukoricaültetvények kapálására, búza, rozs és árpa aratására, alma és szilva szedésére a gyümölcsösökben. Huszonnégy éves koromban táncestre mentem az egyik közeli faluba, Szemegyére, és felkértem csárdásra egy gyönyörű fiatal lányt, Anna Vajkovicsot.

"Magas (hat lábnál is magasabb), jóképű (vagy legalábbis gyakran annak mondott) férfi voltam, sűrű bajuszt viseltem. Fekete lovaglócsizmát hordtam, ami akkoriban divatos viselet volt. Anna elismerően szólt a tánctudásomról. Ez felbátorított, hogy a következőre is felkérjem. újra és újra, míg végül az utolsó lassú keringőt játszották. Annától engedélyt kértem, hogy elkísérhessem a házuk kapujáig." Nagyapám rám kacsintott. "Így ki tudtam deríteni, hogy hol lakik." A következő vasárnap délután, még mindig a legjobb vasárnapi öltözetemet viselve, amit többnyire a templombajárásra tartogattam, elkerekeztem Annáék házához, hogy meglátogassam. Azt hiszem Anna reménykedett is benne, hogy megyek, mert délután háromkor még mindig a templomi viseletében volt. A vasárnapi látogatások rendszeressé váltak, és két évvel később megkértem Anna kezét az édesapjától. Mivel üzleti tevékenységem a közeli falvakra is kiterjedt, és mert Anna szülei már idősek voltak, úgy döntöttek, hogy a Vajkovics házban maradnak Szemegyében.

Nagyapám mindig szeretettel beszélt a nagyanyámról. Mindig hosszan mesélt gyönyörű mosolyáról, remek tánctudásáról és közös álmukról, hogy saját földjük és nagy családjuk legyen. Mindketten vállalkozókedvű emberek voltak, és vágytak arra, hogy földet vehessenek és a sajátjuknak mondhassák. Nagyanyám remekül főzött, és nagyapám szerint ő készítette a legjobb sertésszeletet és sertéspörköltet nokedlivel, amit nagyapám valaha evett.

Egy este, amikor nagyapám megdicsérte a főztjét, nagyanyám felvetette, hogy plusz bevételre tehetnének szert, ha főtt étellel látnák el a gazdaság szerződéses munkásait; akik közül a legtöbben egyedülálló férfiak voltak, így biztosan örülnének a jó házi kosztnak. Eleinte csak néhány munkást láttak el, akik a közeli farmokon dolgoztak; de az üzlet, ahogy a nagyanyám főztjének híre elterjedt a munkások között, gyors növekésnek indult. Mivel a nagyanyám mindig gondoskodott róla, hogy mindenkinek jusson egy adag finom étel, általában valamivel többet főzött, mint amennyit a férfiak megehettek.

Nagyapám azzal az ötlettel állt elő, hogy a megmaradt ételen disznókat hízlalhatnának. Ez a projekt is sokszorosan megtérülőnek bizonyult, mert így kevesebb sertést kellett vásárolniuk a munkások ellátására. Kevesebb, mint 10 év alatt elegendő mennyiségű pénzt tudtak félretenni ahhoz, hogy saját farmjuk legyen. Nagyanyámnak volt egy bátyja Nyögéren, így ketten befogtak egy lovat a kocsi elé, és elindultak, hogy megnézzék ezt a felföldi falut és megvásárolható földet keressenek.

Szerencsével jártak, mert egy harmicöt hektáros, jelentős termőképességű termőföldet kínáltak eladásra a tulajdonos elhalálozása folytán. A földtulajdonhoz egy csinos ház is tartozott, amely a falu fő utcáján helyezkedett el és nagy hátsó udvara, valamint tíz állat befogadására alkalmas istállója, és szénatárlója volt. Elegendő pénzük volt hozzá, hogy ezt a gazdaságot készpénzben kifizessék, és nagyapa elmondása szerint ezután még arra is futotta, hogy egy másik lovat, és négy tehenet vásároljanak. Így a nagyszüleim 1906-ban Nyögérre költöztek. Már volt egy nyolc éves kislányuk, Mária és egy hat éves fiúgyermekük, Antal, valamint egy harmadik, szintén fiú, Ferenc (az édesapám), aki ekkor kétéves. 1908-ban született még egy lányuk, akit Margitnak neveztek el, és egy másik kislány, Emi, aki 1910-ben jött a világra. A legfiatalabb Hegyi gyermek, egy fiú, István (ő volt az aki később megjárta Recsket), 1914-ben született.

A nagyapám sikeres gazdálkodónak bizonyult és a föld egy kényelmes élethez elegendő élelmet, és további javakat termett a család számára, sőt még a gyermekek hagyományos négy elemit követő további oktatását is lehetővé tette. Mária 6 osztályt végzett, Antal az általános iskolát követően két éves erdész technikusi kiképzést kapott. Apám a 6 általános elvégzése után (nagyanyám erős ráhatására) bejelentkezett egy papképző szemináriumra. Ez két hónapig tartott. Apám a második emeleti ablakon át menekült a szemináriumból és hazament, hogy megmondja az apjának, hogy gazda szeretne lenne akárcsak ő. Margit és Emi mindketten 6 általános iskolát végeztek, István pedig, akit a család agyának tekintettek, mert sikerült a gimnáziumot elvégeznie, amely egy jobban fizető irodai álláshoz segítette.

Nagyapámnak minden alkalommal könnyek szöktek a szemébe, amikor a 1933. június elsején bekövetkezett tragédiáról, a nagyanyám haláláról, beszélt, mely az influenza egy súlyos változata következtében állt be. Soha nem házasodott újra. Senki sem tudta többé betölteni igaz szerelme helyét. Legidősebb lánya, Mária lépett elhunyt nagyanyám helyébe a háztartás vezetését illetően, de két évvel később ő is elhagyta a Hegyi család otthonát; férjhez ment Sótonyba, egy szomszéd falubeli módos gazdához.

Apám fokozatosan átvette a farm vezetését és a hagyomány ajánlása szerint elkezdett feleséget keresni, aki a segítségére lesz a háztartás körüli munkákban. 1935-ben táncestre ment Püspökmolnáriba, egy Nyögértől húsz kilométer távolságra eső faluba, és megismert egy kispolgári származású fiatal lányt, Piri Saroltát. A lány éppen egy hétvégét töltött otthon, az Eszterházy Kastélytól távol, ami Sopron közelében található, ahol a vezető asszisztenseként dolgozott. Két év udvarlás után a 33 éves Ferenc feleségül vette a huszonnégy éves Saroltát. 1938.

június 9-én a konyhaasztalon, egy bába segítségével jöttem a világra, ahogy ez akkoriban a faluban szokás volt.

A családunk történetének meghallgatása után rájöttem, hogy most én vagyok soron, mint második generációs Hegyi (a nagyapámat követően), hogy a hagyomány szerint javítsak a család életén. Mivel nem volt rá késztetésem, hogy apámhoz hasonlóan földműveléssel bajlódjak, az irodai munka világában képzeltem el a jövőmet. Feladtam azt az elképzelésemet, hogy pap legyek, amivel még anyám is megengedett, tekintettel a tényre, hogy láthatóan kedveltem a női nemet. A nagyapám *nagyvilágról* szóló történetei szintén mozgásba hozták a képzeletemet a kis falunktól távol eső országot illetően.

1954. júniusában befejeztem a középiskola első évfolyamát és nyáron a szövetkezeti irodában irodistaként kaptam munkát. Feladatom a raktárba érkező termények regisztrációja volt, illetve annak a figyelemmel kísérése, hogy később az áru hová került kiszállításra. A főnököm a helyi Kommunista Párt titkára volt. Nagyon kedves embernek ismertem meg, igen jól bánt velem. Ő volt az első kommunista, akit tényleg kedveltem.

Az irodai állásom javított az apám helyzetén a szövetkezetben, mert hiszen a fia a párttitkárnak dolgozott. A falusiak észrevették, hogy a titkár megbecsüléssel, korrekten bánik velem. A pénzből, amit a nyár folyamán kerestem, lehetőségem nyílt a középiskolához illő ruhát megvásárolni. Az első évben tényleg úgy néztem ki, mint egy parasztfiú, aki egy kis faluból származik. De most már úgy öltöztem, mint egy kisvárosi középiskolás. Édesanyám büszke volt rám.

Amikor anyám apámhoz így szólt: "Nézd a fiad. Hát nem jóképű?" Apám egyetértőleg mosolygott. Ennek ellenére mindig hozzáfűzte "Én úgy véltem, hogy egy fiatal gazda öltözetében is remekül nézett ki, amikor mellettem dolgozott."

Apám álma a szíve mélyén az volt, hogy vele együtt a földet műveljem. A falusi hagyomány is az volt, hogy a fiú- vagy a lánygyermek, aki a családi otthont örökli, gondoskodik majd a szülőkről, ha már nem lesznek munkaképesek.

A második középiskolai évben jó jegyeket kaptam, verseket írtam és elkezdtem szép fiatal lányokkal randevúzni (a szerelmes versek írása ebben sokat segített). Szereztem némi elismerést is szenvedélyesen elszavalt költemények elmondásával is, különösen, mikor saját műveimet adtam elő. Amikor anyám egy szülői értekezlet alkalmával eljött a középiskolámba, a tanáraim egyike elmondta neki, hogy jó diák vagyok, csak egy kicsit túl romantikus.

1955. nyarán ismét a szövetkezet irodájában dolgoztam. Antal bácsi, a helyi Kommunista Párt titkára, volt a főnököm, aki szívélyesen fogadta visszatérésemet. A mellette végzett munka nagyon tetszett nekem. Antal bácsi befolyása folytán már kezdtem majdnem elfogadni az életstílusunkat, annak fejlődési irányával együtt.

A politikai okokból bebörtönzöttek Nagy Imre miniszterelnöknek köszönhető amnesztiája révén információhoz jutottunk a Titkosrendőrség kegyetlenségéről, és Rákosi személyéről. Az szabadon bocsátott politikai foglyok, mint István nagybácsi is, elmondták az internálásuk történetét, és leírták az AVH egyenruhát viselő börtönőrök kegyetlenségét. Az iskolában

41

tanultunk az SS embertelenségéről, de az AVH legalább olyan gonosz volt, ha nem rosszabb, az ártatlan emberekkel való bánásmód tekintetében, akiket hamis vádakkal gyanúsítottak meg.

Nehezemre esett az iskolában szerzett információk helytállóságában megbízni. Mélyen, legbelül lázadoztam a kommunista rezsim kegyetlensége ellen. Nagyapámnak az megjegyzése is befolyásolt, miszerint a Hegyik közül azt a generációt képviseltem, amelyiket arra jelöltek, hogy javítson a család életszínvonalán.

Szabadságharcos

1955-ben a Szovjetunió és Jugoszlávia közötti újraközeledés eredményeként megszületett a Belgrádi Nyilatkozat, amelyben Moszkva megerősítette, hogy minden nemzetnek joga van a saját útját járni a szocializmus felé. Egy évvel később, 1956. február 25-én, Nyikita Sz. Hruscsov Titkos Beszédében kellemetlen helyzetbe hozta Sztálint a Szovjet Kommunista Párt Huszak Kongresszusán. Ezek a külső események sokkolták Rákosit, aki kemény ellenzője volt a Titoizmusnak, vakon követte Sztálint, és magyarországi tisztogatásokra uszított.

A Szovjet Kommunista Párt Huszak Kongresszusa (CPSU) kijelölt egy politikai fordulópontot és egy ideológiát a Nemzetközi Kommunista Mozgalom számára. Bár Hruscsov titkos beszéde, melyben leleplezte Sztálin bűntényeit, nem volt közzétehető, közvetlenül az után, hogy a bizalmas pártvezetők elolvasták, a hírek kezdtek elterjedni.

A Huszak Kongresszusa megoldhatatlan feladatok elé állította a Magyar Párt vezetését, amely összetételében ekkor még változatlan volt. Rákosi volt az a személy akinek irányítania kellett a de-sztálinizációs folyamatokat Magyarországon, le kellett lepleznie a múlt hibáit és az elkövetett bűntényeket, elítélnie a bűnösöket, különösen saját magát. Miközben biztosítania kellett, hogy a párt élén álló vezetőt (aki szintén ő volt) presztízsveszteség ne érje.

43

1956 nyarán a szovjetek végig, állhatatosan kitartottak céljuk mellett, mely a de-sztálinizáció legalapvetőbb lépéseinek magyarországi integrációja volt. Más szóval élve, ragaszkodtak hozzá, hogy a Huszak Kongresszusának megoldásait megvalósítsák. Egyidejűleg az illegális tevékenységeket elkövető személyeket meg kellett találni, hogy ezáltal megvédje a szovjeteket és a szocialista rendszert. Már 1953-ban megpróbálták a teljes botrányt Péter Gáborra, az AVH egykori vezetőjére, kenni, aki ekkor már vizsgálati fogságban volt, de szemben Beriával, Péter szovjet megfelelőjével, őt nem végezték ki. Amikor az eljárás nem vezetett eredményre, a figyelem Farkas Mihály Honvédelmi Miniszterre terelődött. Ő megfelelő bűnbaknak bizonyult, mivel bizonyos mértékig ténylegesen felelősség terhelte. Ám hamar kiderült, hogy Farkas személye erre a célra nem eléggé jelentős. Még a Huszak Kongresszusa előtt, egy pártmegbeszélés keretében felmerült Rákosi személyes felelősségének kérdése.

A Petőfi Kör, mely írókból és más szellemiségekből állt, növekvő aktivitása volt megfigyelhető ebben az időszakban. Elkezdtek új irányt és tartalmat adni a Rákosi rendszer elleni küzdelemnek. A kör egy sor szakmai vitát indított el májusban, és egyre több és több érzékeny témát vittek növekvő létszámú hallgatóság elé. A korábban elhallgattatott történészek és filozófusok számára ismét lehetővé vált a nyilvánosság előtti megjelenés. Megvalósult a Népiskolák Nemzeti Egyesülete társadalmi rehabilitációja. Egy vita alkalmával, melyre június 18-án a Magyar Néphadsereg Központi Tisztiházában került sor, Rajk Júlia, a kivégzett Rajk László özvegye, nyilvánosan kérelmezte férje rehabilitációját, míg mások az *egész ország*, a *teljes népesség* helyreállítása szükségességét erőltették.

44

A szovjet nagykövet, Jurij Anropov, Moszkva számára készített beszámolójában említést teszt a vitáról; állítása szerit megértette, hogy a vita "lényegében egy a pártvezetés elleni demonstráció szintjére degradálódott". Ez több volt, mint amit a hatalmon lévők készek voltak tolerálni, különösen arra való tekintettel, hogy a következő alkalomra előirányzott megbeszélés a jogszerűség kérdésével foglalkozott. A MKP Központi Bizottsága június 30-án elvetette és felfüggesztette a Petőfi Kör üléseit.

A Titkosrendőrség (AVH) még a párt vasökle alatt is lényeges áttörést vitt véghez. Ez az önkéntes leköszönések növekvő számában vált láthatóvá, annak ellenére, hogy az AVH szigorúsága 1956 elejére lényegesen mérséklődött. Az AVH egykori teljhatalmú vezetőjének, Péter Gábornak őrizetbe vétele, további hivatalfosztásokhoz és letartóztatásokhoz vezetett.

A rehabilitációk az AVH tisztviselők számára állandó fenyegetést jelentettek; egyre gyakrabban követelték a bűnösök megnevezését és bíróság elé történő állítását, ez nyugtalanította az érintetteket és gyengítette a szolgálatot. Több, a börtönből kiengedett személy tért vissza politikai vezető szerepbe, ahol előreláthatólag képesek voltak nyomást gyakorolni az őket bebörtönző és kínzásnak kitevő hivatalnokok felelősségre vonása érdekében. A Politikai Bizottság egyik ülése alkalmával Kádár János személyesen kritizálta az AVH-t. Még a Magyarországon állomásozó belügyekért felelős szovjet vezető tanácsadó is arról küldött jelentést Moszkvába, hogy még az állambiztonsági személyzet körében is egészségtelen érzések terjednek el.

1956 nyarán a szovjet vezetők úgy döntöttek, hogy eljött az ideje egy újabb magyarországi politikai beavatkozásnak. A helyzet nemcsak a szovjeteket aggasztotta, de a teljes szocialista táboron belül attól tartottak, hogy 'váratlan, elfogadhatatlan események következhetnek be'. Ennek valószínűségét növelték a lengyelországi tüntetések, ahol a biztonsági erők fegyverrel próbálták megtörni az élet- és munkakörülmények javítása érdekében demonstráló munkásokat. Az összecsapás közel száz kioltott emberéletbe került és több százan megsebesültek. Hasonló jelenségek Magyarországon történő megelőzése érdekében igazgatósági megbízatással Budapestre érkezett Anastas Mikoyan, hogy ő kezelje a kialakult válságot. Érkezését követően, és a szükséges információk begyűjtése után, Mikoyan két javaslatot tett a krízis elhárítására. Mikoyan elismerte, hogy Rákosi menesztése elkerülhetetlen volt. Ennek következményeképpen Rákosit 1956. július 21-én rossz egészségi állapotára hivatkozva legfőbb hatásköreitől megfosztották, és a Szovjetunióba száműzték. Az elgondolás, ami Rákosi elmozdítását megalapozta, az volt, hogy friss vért juttassanak a pártvezetés vérkeringésébe. Egy új csapatot, amely teljesen egységes elveket és gyakorlatot képviselt, hoztak létre, hogy a legfontosabb feladatokat kiosszák, mint pl. az ellenállás központjának szétszórása, és az ellenzék agitációs és propaganda tevékenységének felszámolása.

Ám Rákosi első helyettese a MKP Első Titkára székében Gerő lett, aki viszont mindent tovább rontott. Gerő, mint örökös fellépése nem hozott győzelmet azok számára akik Rákosi politikáját ellenezték. A párt megosztott maradt. A tagok képtelenek voltak közös álláspontot kialakítani akárcsak a legalapvetőbb kérdésekben is. Összességében az történt, hogy nagyobb csoportok növekvő számban fordultak el a vezetéstől.

Éppen két hónap elteltével 1956-ban írók és diákok egy csoportja kihívta maga ellen a kommunista vezetést. 1956 október 22-én a Műszaki Egyetem még tovább ment. A lengyelországi események hatására a gyűlés követeléses megfogalmazásáról döntött. A varsói változásokat támogató tüntetést a következő napra hirdették meg. A szokványos formalitások közötti szünetben a párthoz nem petíciót nyújtottak be, hanem egy követelés listát, amelyet egy utcai demonstrációval tettek nyomatékosabbá. Sem a sajtó, sem a rádió nem tette közzé a követeléseiket, és a hallgatók kizártak minden kompromisszumos megoldást. Annak érdekében, hogy a megegyezést illető ajánlatukat meg ne torpedózzák, a diákok stencilezett másolatokat készítettek, amelyeket az utcákon osztogattak, kiragasztottak a falakra, és küldöttségek útján eljuttattak a budapesti gyárakba. A diákok azt követelték, hogy Nagy Imre vezetésével állítsanak fel új kormányt, és hogy a Sztálin-Rákosi éra bűntetteket elkövető vezetőit azonnali hatállyal mentsék fel.

Október 23-án a Budapesti Műszaki Egyetem hallgatói békés felvonulásba kezdtek, hogy így támogassák a lengyel nép ügyét, valamint hogy tüntetőleg kifejezzék Magyarország akaratát, amely a politikai és gazdasági függetlenség és a szovjet megszállás vége. Munkások és mások is csatlakoztak hozzájuk. Néhányan elmentek a Bem szoborhoz; mások Petőfi szobrát keresték fel, míg megint mások elmentek, hogy ledöntsék Sztálin szobrát, mert az a szovjet hatalmat testesítette meg Magyarország felett.

47

Később az este folyamán a diákok megpróbálták elérni, hogy követeléseiket a Magyar Rádióban felolvassák. A Rádió épületét egy AVH egység őrizte. Amikor a tömeg veszélyessé vált az épület számára, miután a hallgatói küldöttséget letartóztatták, az AVH tüzet nyitott a tüntetőkre, köztük nőkre és gyermekere is. Ebben az akcióban sokan meghaltak és még többen megsebesültek. Ez volt az a pillanat amikor emberek ezreinek nyugtalansága és frusztrációja a békés tüntetésből forradalomba fordult. A hírek gyorsan terjedtek. Káosz és erőszak tört ki a városban.

A lázadás átterjedt az egész országra, számos rendőrörs és katonai egység fegyverrel látta el a szabadságharcosokat és a kormány elbukott. Ezrek szerveződtek katonai alakulatokba és harcoltak az Állami Titkosrendőrség (AVH) és a szovjet csapatok ellen. A PRO-szovjet kommunista és AVH tagokat gyakran felakasztották, lelőtték vagy bebörtönözték, egyidejűleg az egykor politikai okokból bebörtönzötteket szabadon engedték és felfegyverezték.

A helyi tanácsok átvették a közösségi irányítást a Kommunista Párttól és politikai változásokat követeltek. Nagy új kormányt állított fel, leépítette az AVH-t és közölte, hogy tárgyalások kezdődtek a szovjet katonai csapatok az országból történő teljeskörű kivonásáról. Az egypárt rendszernek is búcsút mondott, kinyilvánította szándékát, hogy kilép a Varsói Szerződésből és ígéretet tett a szabad választások visszaállítására. Október végére már majdnem véget értek a harcok, és a normalitás érzése kezdett visszatérni[3].

Az 1956-os zavargások ellenére középiskolába jártam Sárváron. Éppen elkezdtem a gimnázium negyedik osztályát. Október 24-én reggel 6-kor felébredtem; a lakhelyet, ahol az iskolaévben ellátásomról gondoskodtak, anyám választotta ki a számomra. Bekapcsoltam a rádiót és elkezdtem megborotválkozni. Először azt hittem, hogy rossz a vétel, mert hangos krákogó hangokat hallottam sugározni belőle.

Megijesztett, amikor a következő, kifejezetten izgatott hangvételű közzétételt hallottam: "Tisztelt Hallgatók! Önök éppen gépfegyverek hangját hallják. Tegnap egyetemi hallgatók vonultak fel békés tüntetés keretében az utcákon, és az AVH tüzet nyitott rájuk; több diák, nő és gyermek meghalt a lövöldözésben, amely mostanra Budapest egész területére átterjedt. Magyarországon forradalom tört ki."

Befejeztem az öltözködést és 8 órakor elkerekeztem a középiskolába. Rengeteg diák tartózkodott az épületen kívül. Mindenki a forradalomról beszélt. A tanáraink egyike kijött és hazaküldött bennünket azzal, hogy várjunk amíg a rádión keresztül újra behívnak az iskolába.

---

[3] *1956* a Magyar Forradalom

http://fog.ccsf.cc.ca.us/~sgati/gatiproductions/starting_over/revolution.htm.

Visszatoltam a biciklimet a lakóhelyemre és elmeséltem a főbérlő asszonynak, hogy mi történik Budapesten. Pastiné hatvan év körüli, gyermektelen özvegyasszony volt. Unokájaként bánt velem. Megállapodtunk, hogy akár haza is utazhatnék, amíg ez a dolog rendeződik. Összepakoltam a könyveimet és a ruháimat, felcsatoltam a csomagomat a bicikli csomagtartójára és nekivágtam tíz kilométer hosszú utamnak, Nyögérre, ahol a szüleim éltek. Dél körül értem haza. A szüleimet nagyon izgatottá tette a hír, miszerint Budapesten teljes erővel zajlik a forradalom, és hogy rövidesen visszanyerhetjük a szovjet megszállás alóli szabadságunkat.

Azzal töltöttem a délutánt, hogy meglátogattam a barátaimat, és azt találgattam, hogy mi történhet Budapesten. Nem volt tévénk. A rádió volt az egyetlen rendelkezésünkre álló hírforrás. A hallott utcanevek, ahol a harcok folytak, nem sokat mondtak. Mindössze egyetlen dolgot jegyeztünk meg, mégpedig, hogy a diákok, akik Molotov-koktélokat dobáltak az orosz tankokra, körülbelül velünk egyidősek, vagy nálunk csupán néhány évvel fiatalabbak. Apám hozzáfűzte, hogy ha megengedték volna, hogy a 8. osztály befejezése után középiskolába menjek, már egyetemre járnék, és nagy valószínűség szerint a harcok középpontjában lennék.

Este 6 órakor tartottunk egy misét a római katolikus közösségi templomunkban. A pap, Lenarsics Imre tiszteletes, ismeretes volt kommunistaellenes nézeteiről. Nem meglepő, hogy együttérző üzenetet intézett a hívők felé, azt kérve, hogy támogassák a forradalom ügyét. A mi templomunkhoz két falu tartozott, így már csak állóhelyek voltak szabadon, míg az emberek némi eligazításra vártak a paptól. A lelkipásztort

50

mindenki tisztelte, vagy féltek tőle, még a kommunista kormányzás idején is, mert világossá tette a számunkra, hogy szükségünk van a feloldozására ahhoz, hogy a mennybe juthassunk.

A mise végén, amikor az emberek kifelé mentek a templomból, Lenarsics tiszteletes a főbejáratnál állt és azt javasolta, hogy valaki szavalja el Petőfi nemzeti érzésű költeményét, amely az 1848-as forradalom idején inspirációt adott az Ausztria ellen vívott szabadságharcban. Mivel közel álltam a paphoz, sokan ajánlották nekem ezt a megtisztelő feladatot. A faluban tudtak színházi tevékenységemről, főszereplő voltam egy vándortársulatban, és különleges alkalmakkor gyakran adtam elő költeményeket.

Most sem kellett kétszer kérniük, Petőfi a kedvenc költőm volt és kívülről tudtam a kért verset, a *Nemzeti Dal*-t. A templom főbejáratához vezető lépcső tetején álltam, körös-körül hazafiak. Körülbelül a talajtól számított tíz lépcsőfoknyi magasságban foglaltam el a helyemet, így láthattam a várakozó emberek arcát. Felvettem a süvegemet, egy pillanatnyi szünetet tartottam, majd elkezdtem:

Talpra magyar, hí a haza!

Itt az idő, most vagy soha!

Rabok legyünk vagy szabadok

Ez a kérdés, válasszatok!

51

(Ref)

A magyarok Istenére

Esküszünk,

Esküszünk, hogy rabok tovabb

Nem leszünk!

Négy versszakot mondtam el, a sokaság pedig minden versszak végén velem együtt mondta a refrént. Amikor a versszakok végén ismétlődő soroknál tartottam, bal kezemet a szívemre helyeztem, felemelt jobb kezem pedig a győzelem jelét mutatta. A tömeg követte gesztusaimat és láthatóvá vált a számomra, hogy az idősebb gazdák megkönnyezték előadásomat. Amikor a vers végére értem a sokadalom olyan lelkes tapssal jutalmazott, amilyenben korábban még nem volt részem a színpadon.

Produkcióm sok embert lázba hozott, hangulatuk pedig egy Forradalmi Ifjúsági Tanács felállítását eredményezte. Mivel az előadott verssel nem kevés tiszteletet szereztem magamnak a faluban, jelöltek és megszavazták, hogy legyek én a tanács vezetője. Elfogadtam ezt a megtiszteltetést és felelősséget, mert hittem benne, hogy a kegyetlen rendszer által kizsákmányolt embereknek le kell győzniük a kommunizmust.

Amikor aznap éjjel lefeküdtem, egyáltalán nem bírtam aludni. Rengeteg gondolat keringett a fejemben. Éppen megválasztottak diák vezetővé és *szabadságharcosok*nak hívtak bennünket. Budapesten egyetemi hallgatók tették kockára az életüket a szabadságharcban. A rádió bemondta, hogy számos

52

katonai egység csatlakozott a forradalomhoz és harcban álltak a szovjet megszállókkal. Valaki, aki Budapestről jött, és elmesélte, hogy a diákok Molotov-koktélokat készítettek és az épületek tetejéről az orosz katonákat szállító nyitott teherautókra dobták őket.

Nehéz döntés elé állítottak. Bár elszavaltam Petőfi nemzeti érzelmekkel teli versét, mégis vissza tudtam magam fogni, és figyeltem az események alakulását. Másnap reggel képes voltam rá, hogy megmondjam az embereknek, nem akarok a Forradalmi Ifjúsági Tanács vezetője lenni. Később viszont emlékeztettem magam, hogy minden alkalommal, amikor borotválkozom, úgy fogok a tükörbe nézni, mint valaki, akinek nem volt elég bátorsága ahhoz, hogy harcoljon a meggyőződéséért és szeretett hazájáért. A dédapám nagyapjában volt elég mersz, hogy részt vegyen az 1848-as forradalomban, amiért a legmagasabb árat fizette - meghalt a harcokban. Tiszteletet szerzett a Hegyi névnek és a nagyapám belém plántálta annak fontosságát, hogy kiálljak a meggyőződésem mellett.

Másnap borotválkozás közben már tudtam, mit kell tennem. Tudtam, hogy mit kell tennem ahhoz, hogy büszke lehessek az arcra, amelyet borotválok.

Az Ifjúsági Tanács október 25-én délelőtt 10 órakor gyűlt össze. A felháborodott falusiak már összefogdostak néhány helyi kommunistát és készen álltak rá, hogy megbüntessék őket. Azt követelték, hogy Évát, az adószedőt, aki a súlyos bírságok kiszabásának felelőse volt, hogy a gazdákat ezzel a szövetkezetbe történő belépésre kényszerítsék, akasszák fel. Az ő hibájából maradt a családunk élelem nélkül 1952 telén. A gazdák, s velük együtt apám is, ezt kántálták: Akasszuk fel a cédát! Antal bácsi, a férfi, aki nyaranta munkát adott nekem, szintén a gyanúsítottak között volt. Most rám hárult az a feladat, hogy bírája legyek a perben a forradalmi bíróság előtt. Sok falusi vért kívánt. Éreztem, hogy ha engednénk a kívánságuknak, ugyanolyan rosszak lennénk, mint az AVH őrök, akik István nagybátyámat megkínozták. Sikerült megértetnem a csoporttal, hogy a valódi ellenséget a szovjet megszállók jelentik. Azt javasoltam, hogy koncentráljunk a budapesti szabadságharcosok megsegítésére, és hagyjuk hogy a rendszer foglalkozzon a helyi kommunista vezetők ügyével a maga idejében. Álláspontomat támogatta az Ifjúsági Tanács, a kommunista vezetőket pedig házi őrizetbe vettük (a faluban nem volt börtön).

A rákövetkező hetet azzal töltöttem, hogy az ételszállítmány, melyet a szabadságharcosok támogatására szántunk, Budapestre történő eljuttatását szerveztem. A gazdák lisztet, füstölt húst, burgonyát és befőttet hoztak a szövetkezeti tárolóba. A tároló kulcsa Antal bácsinál volt. Kijött, hogy segítsen összegyűjteni az élelmiszert, sőt még azt is elintézte a szövetkezeti traktor vezetőjével, hogy elszállítsa az ellátmányt Budapestre, ami körülbelül négy órányi autózást jelentett. Négyszemközt megköszönte nyugalmamat, amelyről a per folyamán tanúbizonyságot tettem. Nagyon összeszedett ember volt, erősen hitt a szocialista értékekben, de nem támogatta a Sztálin-Rákosi-féle kegyetlen vezetési stílust. Bár a helyi Kommunista Párt titkára volt, sosem ártott senkinek, még a legnagyobb elnyomást gyakorló Rákosi uralom idején sem.

A faluban megünnepelték, hogy Nagy Imre a szovjet csapatok kivonásáról tárgyal. A falusiak táncoltak az utcákon amikor értesültek róla, hogy Nagy feloszlatta az AVH-t, szabad választásokat ígért és bejelentette a Varsói Szerződésből való kilépésünket.

A politikai változások legfontosabb aspektusa a falusi emberek számára az a lehetőség volt, hogy elegendő élelmiszerhez, és ruházatra szükséges pénzhez juthassanak. Miközben az AVH terror megszüntetésének híre nagy tetszést aratott, a falusiak fokozatosan hozzászoktak a bizalmatlan életmódhoz; ha internálásról volt szó, szomszédokkal, barátokkal és még családtagokkal szemben is tartózkodóak voltak. Emiatt az emberek felhagytak a politikával és a rezsimmel kapcsolatos beszédekkel. Ennek ellenére még nehezebb volt elfogadni a tényt, hogy a rezsim elvette a minden nap keményen dolgozó gazdáktól a termény nagy részét, és a szükségesnél kevesebb mennyiséget hagyott meg a gazdák számára.

. Az emberek nagyon bizakodók voltak, úgy remélték, Nagy az ő oldalukon áll. Nagy jól ismerte a mezőgazdaság helyzetét és a gazdákkal szemben tanúsított korrektség hírét. 1956 november 4-én a Vörös Hadsereg nagyerejű támadást intézett Magyarország ellen, azzal a céllal, hogy megtörje a szervezetlen nemzeti felkelést, amely tizenkét nappal korábban kezdődött.

Hajnalban, 5 óra 20 perckor a magyar miniszterelnök, Nagy Imre, borús hangvételű 35 másodperces rádióadásban jelentette be az ország elleni inváziót; így nyilatkozott: "Csapataink harcolnak. A kormány a helyén van." Ennek ellenére néhány órán belül Nagy menekült státuszt kért saját maga számára a budapesti Jugoszláv Nagykövetségen; közben egykori kollégája és közeli helyettese, Kádár János, aki titokban szökött Moszkvából Szolnok városába, a fővárostól hatvan mérföldnyire délkeletre, átvette a hatalmat a moszkoviták támogatásával.

Az Ifjúsági Forradalmi Tanács egykori elnökeként olyan helyzetben találtam magam, amelynek a kilátásai a bebörtönzés vagy a lelövetés voltak. A hírek, miszerint a rendőrség elkezdte felkutatni azokat a diákokat, akik vezető személyiségek lettek a forradalomban, gyorsan terjedtek. Néhányukat azon nyomban agyonlőtték, míg mások börtönbe kerültek. A faluban rejtőztem el, tárházakban és szénatárolókban aludtam és állandóan változtattam a tartózkodási helyemet.

November 18-án, vasárnap este a nagyapám ételt hozott a rejtekhelyemre; közben elmondta, hogy a dohányboltban az hallotta, hogy a rendőrfőnök, Pallosi, aki eredetileg szintén a faluból származott, de mostanra rangidős rendőrtiszt lett a közeli városban, utánam szaglászik. Azt mondta az embereknek, hogy a Hegyi kölyköt keresi. Le fogják lőni, mint a többi tinédzserkorú terroristát.

Utojára ültem ekkor a nagyapám térdén, amikor átölteltem őt és megkérdeztem, hogy szerinte mit csináljak? Jöjjek elő a rejtekhelyemből vagy próbáljak Ausztriába menekülni? Nagyapám szeme tele volt könnyekkel és így szólt: "Emlékezz rá, mit tettek a nagybátyáddal, Istvánnal; nem akarom, hogy veled is azt tegyék, szeretlek unokám". Akkor lábra álltunk, s miközben nagyapám elrévedő tekintettel nézett rám, ezt a tanácsot adta: "Vágj neki a *nagyvilág*nak, éld az álmainkat."

Mindketten egyetértettünk abban, hogy a szüleimet nem kéne beavatni ebbe a tervbe, túl érzelmesen reagálnának, semhogy megérthessék a veszélyt, amelyben voltam. Aztán arról beszéltünk, hogy tudnék üzenetet küldeni a számukra Ausztriából (ha eljutok odáig), hogy tudassam velük, biztonságba jutottam anélkül, hogy a családot veszélynek tettem volna ki. Megállapodtunk, hogy a Szabad Európa rádión keresztül fogok kódolt üzenetet küldeni: "Az aranyszőrű bárány biztonságban megérkezett."

A nagyapám az válaszolta, hogy úgy fog a rádió mellett ülni, mintha odaragasztották volna, és ha meghallja az üzenetet, elmond mindent a szüleimnek. Tudva, hogy ez az utolsó alkalom, hogy láthatom a nagyapámat, ez egy nagyon mély érzelmekkel átitatott pillanat volt a számomra. Miközben a sötétségben eltűnő magas alakját figyeltem, a könnyek elhomályosították tekintetemet.

Miután elbúcsúztam a nagyapámtól, sort kerítettünk az Ifjúsági Forradalmi Tanács utolsó találkozójára. Unokatestvérem, Imre is, aki Budapestről tért haza, megjelent gyűlésünkön és elmondta, hogy ő is Molotov-koktélokat dobált az épületek tetejéről a szovjet páncélos járművekbe. Elmondta, hogy ő egyértelműen az Ausztriába meneküléssel próbálkozna, mert itthon ezekért a forradalmi tevékenységekért őt kivégeznék. Úgy vélte, hogy a tanács tagjai talán nincsenek veszélyben, de az ifjúsági vezetőkre már most rásütötték a terrorista bélyeget, és sokukat már ki is végezték. Ezek a hírek, megtetézve azzal, amit nagyapám a dohányboltban elcsípett, nem hagyott kétséget bennem afelől, hogy ha megadnám magam, nagy valószínűség szerint már másnap kivégeznének.

Imre azt javasolta, hogy próbáljunk másnap hajnalban, míg a falusiak még alszanak, együtt menekülni. Egyetértettem, és elkezdtünk egy menekülési tervet készíteni. Két barátunk felajánlotta, hogy éjszaka elhoznak két biciklit a faluból, és elrejtik egy helyen, kb. egy kilométerre nyugatra a településtől.

Másnap korán reggel, még sötétben, Imre és én csupán késekkel felszerelkezve indultunk neki a menekülő utunknak. Megállapodtunk, hogy semmiképpen sem hagyjuk elfogni magunkat. Ha rendőrökbe vagy oroszokba ütközünk is, nyugodtan fogunk viselkedni. Amennyiben megpróbálnak elfogni bennünket, elővesszük a késünket és addig támadunk amíg ők befejezik a munkát.

Sikerült kijutnunk a faluból, anélkül, hogy bárkivel találkoztunk volna, és eljutottunk a közeli kukoricaföldre, amely takarást nyújtott a számunkra. Az ültetvény másik oldalán megtaláltuk a két bringát. Fogtuk a két kerékpárt és egyik kukoricaültetvénytől a másikig toltuk, fejünket lógatva, míg elértük a falutól délre haladó földutat. Ezt már elég biztonságosnak éreztük ahhoz, hogy biciklire szálljunk.

Dél táján értünk Püspökmolnáriba, a faluba, ahol az anyai nagyapám, Piri papa, lakott. Elmagyaráztam a nagyapámnak, hogy veszélyben vagyunk és segítséget kértem tőle. Megpróbált lebeszélni minket arról, hogy elhagyjuk az országot, de elmondtuk neki, hogy egy magasrangú rendőrtiszt kutatott utánam, aki a lelövésemet tervezte; ekkor már egyetértett a menekülésünkkel. Piri papa ekkor élelmet adott nekünk és elmagyarázta, hogyan jutunk el Ausztriába. A falu nem volt messze a határtól, bár az út hátralévő részében már nem volt biztonságos a főúton haladni, mert mind a magyar rendőrség, mind az orosz katonák keményen ellenőrzésük alatt tartották a területet.

A kerékpárokat Piri nagyapánál hagytuk és gyalog folytattuk utunkat, a főutakat elkerülve. Nyugati irányba haladtunk, kukoricaföldeken és kisebb fás területeken rejtőztünk, de tartottuk a Graz felé tartó irányvonalat. Láthattuk, hogy az Ausztriába vezető utat a nagy teherautókban utazó katonák szigorúan ellenőrzik. Az események egy pontján, miközben egy kisebb erdős területen jártunk, amely az autósztráda szélén volt, láthattunk egy magyar rendőrökkel teli teherautót. Bokrok mögé rejtőzünk amíg elhaladtak előttünk az úton, majd átrohantunk az autópályán, hogy a túloldalon lévő faluba jussunk.

Egy idősebb parasztgazda meglátott és magához intett bennünket. Gyorsan visszaszaladtunk, hogy beszéljünk vele; azt mondta a szénakazalban rejtőzzünk el, mert a rendőrök tudták, hogy az erdőben voltunk. Azzal a szándékkal mentek el, hogy kicsaljanak bennünket, de valószínűleg rögtön vissza fognak jönni. Lepihentünk a szénakazal oldalában, körülbelül két láb mélyen, mozdulatlanul feküdtünk. És valóban, a rendőrök visszajöttek. Kikérdezték a gazdát, aki azt mondta, hogy senkit sem látott. Erre a rendőrök kezdték átkutatni az istállóit, a tárházait és az udvart. Egyikük odajött a szénakazalhoz és elkezdte a bajonettjével bökdösni azt a területet, ahol mi feküdtünk. Egy szúrást érzékeltem tőlem balra, a következőt pedig a jobb oldalon; mindkettőt tőlem körülbelül egy-egy láb távolságra. Nehezmre esett nem pánikba esni, de túléltük, és a rendőr továbbment. Amikor tiszta lett a levegő, a gazda visszajött és szólt, hogy kijöhetünk.

Megkértük, hogy mutassa meg nekünk a határhoz vezető utat. Azt kérdezte: "Mennyi pénzetek van?" Nem volt valami sok, így beérte értéktárgyakkal. Volt egy esőkabátom, ami majdnem új volt. Neki adtam, bár az időjárás éppen hidegebbre fordult. Megkapta tőlem nagyapám zsebóráját is, ami nagy értéket képviselt a számomra. Az unokatestvérem is neki adta a kabátját, és még néhány értéktárgyat. A gazda húsz percen keresztül elkísért minket, majd megmutatta a határhoz vezető irányt. Azt mondta, hogy megint át kell vágnunk az autópályán, mert arra van a legrövidebb Ausztriába vezető út.

Aztán elváltunk egymástól, Imre és én pedig nekivágtunk utunk legutolsó szakaszának. Amikor az autópálya közelébe értünk, az úton hatalmas volt a forgalom; a földön kúsztunk, hogy észre ne vegyenek bennünket. Amikor a levegő tisztának tűnt felálltunk és a sztráda felé sétáltunk, hogy megpróbálkozzunk az átkeléssel. Hirtelen feltűnt egy páncélozott autó, amely tele volt orosz katonákkal. Azt hittük, itt a vég.

Az orosz katonák megálltak és körbe vettek bennünket, gépfegyvert szegeztek ránk. Még ma sem tudom, hogy honnan volt bennem az erő és a bölcsesség, hogy végig játszam ezt a jelenetet. Hat évig tanulmányoztam az oroszokat, saját nyelvükön szóltam hozzájuk a következő szavakkal "Szervusztok elvtársak. Örülünk, hogy találkozunk a segítségünkre siető Vörös Hadsereggel. Fiatal kommunisták (komsomol) vagyunk, középiskolás diákok, éppen hazafelé tartunk. A falunk közel van a határhoz." Megmutattam nekik a Fiatal Kommunisták Szervezete tagsági kártyámat (minden középiskolás számára automatikusan kiállították).

A katonák barátságosan köszöntöttek bennünket. Csupán néhány évvel voltak idősebbek nálunk, és örültek, hogy a saját nyelvükön szólítom meg őket. A katonák cigarettával kínáltak bennünket, majd elbúcsúztak és páncélozott járműveikbe beszállva folytatták útjukat. Megköszöntem szívélyességüket, és hogy a magyarok segítségére sietnek. Gyorsan átvágtunk az autópályán és eltűntünk a következő erdős területen. Most már közel jártunk a határhoz.

Az erdőben több másik menekülővel is találkoztunk. Megálltunk, hogy kitaláljuk, hogyan lépjük át a határt. Egy frissen felszántott földterület szélén álltunk, amikor valakinek eszébe jutott, lehetséges, hogy alá van aknázva. Ekkor már csak túl akartam lenni rajta. Tudtam, hogy nem akarok börtönbe kerülni; a szüleim házába nem térhettem vissza és az élet nem tűnt kívánatos lehetőségnek. Önként jelentkeztem, hogy átkúszok a határvonalon, hogy kiderüljön, aláaknázták-e a területet. Abban a pillanatban mindenből elegem volt, és a felrobbanás lehetősége egyáltalán nem keltett bennem félelmet.

Mindenki csöndben várt amikor hason csúszva nekivágtam, magamat a könyökömmel előre lökve, - egyiket a másik után. Minden mozdulatnál arra számítottam, hogy felrobbanok. Ez volt életem leghosszabb tíz perce, mielőtt átértem Ausztriába. Amikor elértem a másik oldalt, egy fa mellett felegyenesedtem és figyeltem, amint körülbelül 200 menekülő kúszik egymást követve a nyomomban. Mindenki biztonságban átért, a megpróbáltatás véget ért. Könnyes szemekkel búcsúztam szeretett szülőföldemtől.

Egy félbetört élet újraépítése

A határ átlépése után az osztrák rendőrség egy iskolához kísért bennünket, ahol nyilvántartásba vették a menekülteket. Miközben a kikérdezésemre vártam, visszagondoltam mindarra ami történt. Tizennyolc éves voltam, nem beszéltem se németül, se angolul, éppen elveszítettem a szülőföldemet és a szüleimet; és a jövőm, amely néhány hónappal ezelőtt még oly fényesnek tűnt, tele volt bizonytalansággal. Üzenetet küldtem haza a nagyapámnak a Szabad Európa Rádión keresztül "az aranyszőrű bárány biztonságosan megérkezett".

A következő tíz napban egy menekülttáborban szállásoltak el minket, Graz közelében. Tájékoztattak bennünket, hogy nem maradhattunk tovább Ausztriában. A Vörös Kereszt delegációt küldött és arról beszéltek nekünk, hogy az általuk képviselt országokban mire számíthatnak a menekültek. Az idősebbek szívesebben választották az Amerikai Egyesült Államokat, Kanadát és Ausztráliát, különösen a gyermekes párok. Az egyedülállók és a diákok választási lehetősége ennél korlátozottabb volt. Amikor az angliai delegáció megkérdezte, kit érdekelne London, Imre és én gyorsan talpra szökkentünk, és örültünk, hogy az Angol Bevándorlási Iroda képviselői által interjúra kiválasztott szerencsések között lehettünk. Az interjú magyar-angol tolmácsok segítségével folytattuk le.

Átestünk egy sor kikérdezésen; hosszasan kérdezgettek bennünket, hogy mért hagytuk el Magyarországot, illetve hogy milyen nézeteket vallottunk Angliáról és az ottani politikai rendszerről. Őszinte voltam és bevallottam, hogy nagyon keveset tudok Angliáról, leszámítva amit a kommunisták elmondtak, ami viszont különbözött attól, amit a Szabad Európa Rádión hallottunk. Diákként elolvastam Shakespeare néhány magyarra fordított művét, és körülbelül itt véget is ért a tudásom.

A beszélgetéseket követően körülbelül huszonnégy óra elteltével az Angol Bevándorlási Hivatal egyik tisztje azzal a jó hírrel szólított vissza bennünket, hogy az Angol Kormány politikai menekült státuszt ajánl a számunkra. Másnap azokat, akiket Angliába átirányítottak, buszokkal a Graz-i vasútállomásra szállították. A rendőrség odakísért minket a személyszállító vagonokhoz, majd miután beszálltunk, lezártak minden kijáratot. Megkezdődött hosszú utazásunk a hóborította hegyeken át Salzburgig, ahol a British Airways repülőgépei vártak ránk.

A vonaton nem kaptunk enni, ezért a városba érkezésünk előtt már nagyon éhesek voltunk.szerencsére a vonat néhány alkalommal megállt a kis falvakban, és az emberek kenyeret, sajtot és vizet adtak be az ablakon keresztül. Amikor elértük a Salzburg-i repülőteret, nagy hangárokba vittek bennünket, ahol két sor asztalon kenyér, sajt és gyümölcslé várt. Nem lehettünk biztosak benne, hogy mikor jutunk legközelebb élelmiszerhez, ezért teletömtem a hasam sajttal. Felszálltunk a gépre és megszereztem első tapasztalatomat a légi utazásról. Még Ausztria légterében jártunk, amikor rájöttem, hogy hiba volt az út előtt azt a hatalmas mennyiségű sajtot elfogyasztani. Az ezt követő legalább tíz évben ránézni se tudtam a sajtra, nemhogy megenni.

4 kép: Én a menekült.

Amikor Londonba értünk, az Aldershot-i katonai barakkokba kísértek minket. A Vörös Kereszttől kaptunk néhány használt ruhadarabot, majd megengedték, hogy körbe sétáljunk a bázison és más magyarországi menekültekkel beszélgessünk. Mivel a kijáratokat angol katonák őrizték, Angliából nem sokat láttam. Több interjún átestünk, hogy áthelyezzenek bennünket valahová máshová Angliában. Először azokat a menekülteket helyezték el, akiknek volt valamilyen szakmájuk. Én csupán egy tizennyolc éves kiszálló voltam. Nem éppen keresett áru.

Körülbelül egy hétig azon törtük a fejünket, hogy mikor engednek ki minket a barakkokból, hogy angol emberekkel is megismerkedhessünk. Aztán egy reggel Imrét és engem a Vörös Kereszt irodájába kérettek és azt a tájékoztatást kaptuk, hogy kiválasztottak bennünket, hogy Halifax-ba, Yorkshire megyébe kerüljünk, ahol a Salvation Army nevű szálló tíz magyar menekült

65

számára ajánlott lakhatást, amíg munkát találnak. Busszal utaztunk Halifax-ba. Ez volt az első alkalom, hogy megnézhettük az angol vidéket, amely nagyban különbözött az általunk hátrahagyott országtól. Mi Magyarország olyan részéből származtunk, ahol mezőgazdasági ültetvények voltak, amelyeket előzőleg kis parcellákra osztottak, de a kollektivizáció után a vidéki táj átalakult hatalmas búza, rozs, árpa, kukorica és burgonyaültetvényekké. Amit most magunk előtt láttunk az egymástól kőfallal elválasztott, kis fűvel beültetett zöldterületek voltak, és elszórtan felbukkanó erdőrészek.

Késő este értünk Halifaxba és elképzelni sem tudtuk, hogy a buszon kívül várakozó emberek arca miért sárga. Ez volt az az alkalom amikor észre vettük, hogy az utcai világítás sárga égőkkel működik, ami hatásosabb amikor köd száll a városra. Amikor leszálltunk a buszról, egy kedves angol hölgy, Mrs. Dillinger lépett hozzánk, aki jól beszélt magyarul. Elmondta, hogy a hostelben lakhatunk, amíg munkát találunk és ő fog segíteni nekünk, hogy beilleszkedjünk az angol társadalomba. A hostelben az ügyekért felelős vezető nagyon barátságos volt, mindegyikünkkel kezet rázott és Mrs. Dillinger közvetítésével így szólt hozzánk: "Isten hozta Önöket Halifaxban, remélem jól fogják magukat érezni nálunk."

A Salvation Army hostelben töltött első éjszakám rossz élmény volt. A helyi vendégek nagyrésze erősen italos állapotban volt és láthatóan elködösült állapotban sétált körbe. Elkövettem azt a hibát, hogy az egyik emeletes ágy alsó részét választottam ki fekhelyül, anélkül, hogy kiderítettem volna, ki alszik fölöttem. Nos, a srác aki a felső ágyon feküdt részeg volt; az ágyba vizelt és néhány csepp átszivárgott, és éppen ott csepegett le, ahol én feküdtem. Kimentem a fürdőbe, hogy rendbe tegyem magam; amikor visszajöttem észrevettem, hogy valaki ellopta a 10 shillinget, amit a Vörös Kereszt adott, a kabátomból. Abban az időben fogalmam sem volt róla, hogy a 10 shilling mekkora értéket képvisel, nem gondoltam, hogy rengeteg dolgot lehet belőle venni, de már vártam, hogy másnap reggel kimehessek a hostelből körülnézni, hogy kenyeret és szalámit vehessek (olyan ételt, amilyet Magyarországon enni szoktam).

Egész éjjel az ágy szélén ültem, és érzelmek széles palettáját játszottam végig magamban. December volt, Karácsony környéke. A szüleimre gondoltam, akik nem tudják, hol vagyok. Talán jobb lett volna, ha felrobbanok, miközben átkúsztam a határon. És egyáltalán, minek is kellett azt a verset elszavalnom? Ha nem tettem volna, visszamentem volna a középiskolába és felkészültem volna a Jogi Egyetemre. Most pedig itt vagyok, részegekkel körülvéve, pénztelenül, munka nélkül, és senkihez sem fordulhatok. Kétségbeesésem rövidesen haragba fordult és így szóltam magamhoz: senki sem fog többé rám vizelni!

Reggel elmeséltem Mrs. Dillingernek mi történt. Elintézte, hogy a hostel megtérítse az ellopott 10 shillingemet. Ezután Imre és én ketten elhagytuk a hostelt, és megszereztük első tapasztalatainkat, hogyan boldoguljunk, ha nem beszéljük a helyi nyelvet. Elmentünk egy kávéházba és kávét rendeltünk, majd megmutattuk a nálunk levő pénzt, hogy a pincérnő elvehesse belőle az árát.

Mivel a kávé kevesebb, mint egy shilingbe került, élelmiszer vásárlással kísérleteztünk. Természetesen az élelmiszerek egyikének sem tudtuk a nevét. Nem volt szótárunk, így tehát rámutattunk az ételre, amit a vendégek a mellettünk lévő asztalnál rendeltek, amely úgy nézett ki, mint egy húsos zsemle. Angol tudásunk kimerült az *okay* szóban, ezért csak rámutattunk a húsos zsemlére és megkérdeztük *okay*? A kedves hölgy, aki a pincérnő volt, nagyon barátságos volt velünk, angolul beszélt hozzánk, nekünk viszont fogalmunk sem volt róla, hogy mit mond. Csak ültünk ott és ittuk a kávét. Körülbelül tíz perccel később visszajött az asztalunkhoz, hozott két húsos zsemlét és letette elénk. Megint megmutattuk a pénzünket. Ő csak mosolygott és mindegyikünktől elvett 3 shillinget és 6 penny-t adott vissza.

Ez volt az első leckénk az élelmiszervásárlást illetően. Később a hostelben megtanultuk Mrs. Dillingertől, hogy az étel neve, amit ettünk, hamburger, és két shilling és 6 penny az ára. A beszélgetésnek ezen a pontján megkérdeztem Mrs. Dillingert, hogy biztos-e benne, hogy az étel hamburger volt, mert marhahús volt benne, nem sonka. Ezen nagyot nevetett és azt válaszolta, hogy az angolban van jó pár egyedi kifejezés, amihez hozzá kell szoknunk.

Valamivel Karácsony előtt, a Salvation Army igazgatója, aki a hostel ügyeiért volt felelős, felkéretett a lakosztályába. Nagyon együttérző volt velem, jelen helyzetemben, amit azt Mrs. Dillinger közvetítésével elmondta. Adott egy 500 szót tartalmazó angol-magyar szótárt. Ez volt számomra az angoltanulás kezdete. Kincsként becsültem azt a szótárt és évekig őrizgettem.

Két nappal Karácsony előtt Mrs. Dillinger meghívott hat menekültet, hogy ott éljünk vele Hebden Bridge közeli bérelt vidéki házában. Bár nagyon hálás voltam ellátásunkért a Salvation Army-nak, mióta Halifaxba érkeztünk, örültem a levegőváltozásnak, amelyet Mrs. Dillinger felajánlott. A vidéki házba érve Mrs. Dillinger mesélt egy kicsit saját magáról. Elmondta, hogy egy magyar újságíróhoz ment hozzá és évekig Budapesten éltek. Amikor a forradalom kitört, Ausztriába utazott a tíz éves fiával, de férjét hátra hagyta. Még mindig nem tudta, hogy mi történt vele. Mi nagyon örültünk, hogy magához vett bennünket és törődött velünk.

Emlékszem 1956 Karácsony Szentestéjére. Nagyon szomorú és magányos voltam. A gondolataim a szüleim és hátrahagyott otthonom körül jártak. Megemlékeztem az előző Karácsonyról, amikor a fát a húgom és én együtt díszítettük és házi készítésű cukrot csomagoltunk látványos papírba. Forró csokit ittunk és karácsonyi dalokat énekeltünk. Most egyedül voltam, sokkal magányosabban. Kimentem, leültem egy kőkerítésre és kisírtam magamból a bánatomat. Mért történt ez meg velem? És mit fogok kezdeni az életemmel ezután? Egyetlen szót nem beszéltem angolul, nem volt családom, és ezt megelőzően sohasem éltem egyedül. A szüleim mindig ott voltak a számomra, törődtek velem. Ez volt életem legszomorúbb Karácsonya. Ugyanakkor ez volt félbetört életem újraépítési folyamatának kezdete is.

Január elején Mrs. Dillinger segítségével Imre és én munkát kaptunk Hebden Bridgeben az Austin Brothers Textilgyárban; nadrágokat vasaltunk. Még ma is emlékszem arra az örömre, amit akkor éreztem, amikor az első fizetésemet kézhez kaptam: kilenc fontot egy heti munkáért. Tudtam belőle fizetni valamennyit Mrs. Dillingernek a szobáért és az ellátásért, és még arra is jutott, hogy egy esőkabátot vegyek.

A szótár segítségével angolul tanultam, és az olyan kifejezéseket, mint az "igen..nem" Köszönöm.. Jó reggelt" már használni tudtam. Nagyon vallásos családból származtam, ahol a "Jó reggelt" mondatra azt szokás válaszolni, hogy "Adjon az Úristen (vagy Isten áldja)". Természetesen ezt a kifejezést nem találhattam meg a kis szótáramban, így kísérletezésbe kezdtem. Amikor másnap reggel dolgozni mentem, odafordultam Gilbert nevű kollégámhoz, aki tőlem jobbra állt, és így szóltam hozzá "Good morning". (Jó reggelt!)

"Good morning" válaszolta.

Egy picit elbizonytalanodtam, mert arra számítottam, hogy más szavakat hallok tőle, és nem ugyanazt a köszöntést ismétli. Megpróbáltam megérteni, hogy ez mért történt és ekkor eszembe jutott, amit apám mondani szokott, hogy az angol emberek nagyon udvariasak. Ebből arra következtettem, hogy Gilbert valószínűleg megpróbált velem egyidőben köszönni és a két "Good morning" (jó reggelt) egybe esése véletlen volt.

Elszántan folytattam a kísérletemet és egy órával később megint Gilberthez fordultam: "Good morning".

Szórakozottan rám nézett és így válaszolt: "Good morning".

Hát, ha nem beszéled a nyelvet, az agy láthatólag nem dolgozik teljes kapacitással. Az sosem jutott eszembe, hogy éppen a megfelelő választ hallottam. Mivel komolyan elhatároztam, hogy kicsikarok egy másik választ, vártam további fél órát és ismét így szóltam hozzá: "Good morning".

Ekkor hozzám fordult és barátságos modorban, más kifejezéseket használva reagált; válaszát egy kézjel is kísérte (mindkét kezének középső ujját felemelve felém mutatott). Engem túlságosan lekötött az igyekezet, hogy megjegyezzem a szavakat. Úgy döntöttem, hogy a kézjelet később is megtanulhatom. Fonetikus magyar átírással felírtam magamnak a választ, amit a munkatársam mondott nekem és elkezdtem memorizálni.

Délelőtt 11 körül Mr. Austin (az Austin Brothers rangidős üzletrészese) átsétált a földszinten, hogy megnézze, hogy dolgoznak a magyar munkások. Hozzám lépett, barátságosan kezet rázott velem, és így szólt: "Good morning".

Úgy véltem itt a jó lehetőség a számomra, hogy bemutassam új nyelvtudásomat és büszkén válaszoltam. Nagyon udvariasan, széles mosollyal kísérve, sarkamat összeütve így válaszoltam neki: "F... off." (B... meg.)

Ő mosolyogva elvette a szótáramat, és ketten együtt kinéztük belőle a következő kérdést: "Hát ezt meg ki tanította neked?" A háttérben a többi munkás nevetgélt. Gilbert szerencséjére éppen a mosdóban tartózkodott. Gyorsan megértettem, hogy a válasz valószínűleg nem azt jelentette, hogy "Adjon Isten" vagy hogy "Isten áldja". Imre szerint, aki később felvilágosított, amikor megértettem, hogy milyen durvaságot mondtam, nagyon elvörösödtem.

71

5 kép: Mrs. Dillinger a térdemen ülve.

Imre és én fokozatosan elszakadtunk egymástól. Ő szívesen járt sörözőkbe, hogy aztán felcsípjen egy helyi lányt az éjszakára, *gyöngyökben hemperegni*, ahogy ő mondta. Amikor elmondtam neki, hogy szeretném folytatni a középiskolai tanulmányaimat, azt válaszolta, hogy bolondság a részemről lehetetlen dolgokat kívánni, mert ez sosem fog megtörténni. Imre a nadrágvasalást sem kedvelte. Néhány magyar menekült kapcsolatrendszerének segítségével szerzett egy jobban fizető állást Leeds-ben, szintén Yorkshire megyében, és odaköltözött. Emlékszem rá, hogy egy alkalommal hétvégén meglátogattam. Szombat reggel felszálltam egy emeletes buszra és amikor Leedsbe értem, érdeklődnöm kellett az irány felől, hogyan jutok el Imre lakcímére. Mrs. Dillingerrel gyakoroltam, hogyan kell az irányt megkérdezni és sikerült tökéletes angolsággal elmondanom:

72

"Elnézését kérem. Egyáltalán nem beszélek angolul. Tudna segíteni nekem?" Amint megközelítettem az embereket, rögtön félrefordultak és megrázták a fejüket. Aztán rájöttem, hogy a mondatom túl kerek volt, ezért a saját nyelvtani tudásomra váltottam és ennyit mondtam: "Elnézést. Nem beszél angol. Segít megtalálni cím." Ezt követően az emberek csodálatosan viselkedtek. Az egyik hölgy még két háztömbnyire el is kísért és megmutatta nekem Imre lakásának ajtaját.

Imre összebarátkozott néhány magyarral, akik komolyan italoztak. Szombat éjjel velük mentem a sörözőbe. Másnap reggel felfedeztem, hogy öt-hat pint sör (1 pint 0.568 liter) egy éjszaka alatt történő elfogyasztása közvetlen kapcsolatban áll a fejfájásra szedett fájdalomcsillapítóval. Vasárnap reggel busszal utaztam vissza Halifaxba XL-es másnaposság kíséretében. Elhatároztam, hogy soha többé nem töltök ennyi időt egy sörözőben.

1957 márciusában középkorú, jól kereső magyar bányamunkások egy csoportja szállást ajánlott nekem közösen bérelt házukban. Ha úgy döntök, hogy náluk lakom, vállalom a ház tisztántartását és főzök rájuk, a lakhatásért és az ellátásért nem kell fizetnem. Buzgón kaptam az ajánlaton. A takarítás mikéntjével tisztában voltam, de a főzés új kihívás volt a számomra. Elég szívélyesek voltak ahhoz, hogy megtanítsanak rá, bár időnként, ha az étel nem volt a kedvükre való, a földre öntötték, aztán takaríthattam, amíg ők étteremben folytatták az étkezést. Ezen az úton nagyon eredményesen megtanítottak rá, hogyan főzzek. Végül is csak tizennyolc éves voltam.

Elhatároztam hogy megtanulom a főzés művészetét, bár abban az időben kezdtem el megtanulni, hogyan kell vizet forralni.

Mivel a bányászoknál gyorsabban tanultam meg angolul, megkértek rá, hogy segítsek nekik óvszert vásárolni. A Salvation Army-ban kapott szótárt használtam a fordításhoz. Elmentünk a Boots-ba, hogy megvegyük az árut. Odaadták a pénzt, én pedig szégyenlősen és idegesen bementem. Megvártam, míg a gyógyszertáros (egy férfi) egyedül maradt az üzletben és kértem tőle egy doboz gumit. Okéval válaszolt. Kifizettem a dobozt, kimentem az üzletből és átadtam a bányászoknak. Ők kinyitották; a dobozban gumiszalagok voltak. Mindnyájan azon törtük a fejünket, hogy vajon a briteknél hogyan kivitelezik a nem kívánt terhesség elleni védekezést. A srácok egyike még meg is jegyezte "Ez biztosan nagyon fájdalmas."

A bányászok római katolikusok voltak, így vasárnap délelőtt elvittek a templomba. Megismerkedtünk a pappal, aki nagyon barátságos volt, bár el sem tudtam képzelni az okát, csak csodálkoztam azon, hogy mért nem ajánlja fel a segítségét, amikor tényleg rászorultunk. Most, hogy egy kicsivel több pénzt tehettünk a gyűjtőbe, már nagyobb igyekezettel üdvözölt bennünket a Római Katolikusok között. A mise után fogadásra voltunk hivatalosak a közösség termébe, ahol néhány hívő meleg fogadtatásban részesített bennünket. Szerencsémre egy nagyon kedves házaspár közeledett hozzám, Mr. és Mrs. Gillespie. Beszélgetésünk természetesen korlátozott volt, mivel az angoltudásom terjedelme még mindig 500 szó körül mozgott.

Amikor elbúcsúztunk Mrs. Gillespie meghívott otthonukba, a következő vasárnapi mise utáni ebédre. Ennek a meghívásnak nagyon örültem. Még új ruhát is vásároltam ebből az alkalomból. A hét folyamán, az említett vasárnapot megelőzően, csúnyán megfáztam. Az emberek a gyárban nagyon barátságosak voltak és megkérdezték, hogy vagyok. Mindössze egy kifejezéssel tudtam válaszolni: "Very well, thank you. (Nagyon jól, köszönöm.)"

Kollégáim egyike nevetett rajtam a helytelen válasz miatt és megpróbált kijavítani. Yorkshire-i akcentussal mondta mit válaszoljak: "I am not well. I have a bloody awful cold." (Nem vagyok jól. Szörnyen meg vagyok fázva.)

A következő vasárnap ebédidőben Mrs. Gillespie megkérdezte hogy vagyok. Hát az új kifejezéssel válaszoltam. Melegen rám mosolygott és kijavította a nyelvi hibáimat. Ezután elhatározta, hogy ő lesz a jótevőm és az angol tanárom. Vasárnaponként, mise után állandó vendégük lettem. Volt két gyönyörű lányuk, Maureen és Katherine, akik csak néhány évvel voltak nálam idősebbek. Úgy tekintettek rám, mintha a kisöccsük lennék. Még randevúkról is gondoskodtak számomra.

Az élet szép volt. Volt munkám és egy csodálatos családom, akik törődtek velem. Angolul tanultam és elkezdtem a jövőmről gondolkodni. Megmondtam Mrs. Gillespie-nak, hogy be akarom fejezni a középiskolát. Ő megkérte a férjét, hogy szervezzen egy találkozót a Halifax-i esti iskola igazgatójával. Mr. Gillespie nagyon befolyásos személy volt a városban. A Mackintosh Karamell Gyár ügyvezető igazgatója volt. Mrs. Gillespie elvitt a középiskolai igazgatóval megbeszélt találkozóra, aki kész volt felvenni engem, feltéve, hogy a felvételi vizsgán megfelelek.

Úgy vélték, az lenne a tisztességes velem szemben, ha matematikából vizsgáznék, mert az angoltudásom még korlátok között mozgott. Az írásbeli alatt nagyon ideges voltam. Az igazgató nagyon szívélyes ember volt és különböző mennyiségű megoldandó feladatot ajánlott. Magyarországon analízist tanultam, így ezt a témakört választottam.

Néhány nappal a vizsga után találkoztam Mrs. Gillespie-al, aki elmondta, hogy az igazgatóra nagyon jó benyomást tettem a vizsgaeredményeimmel. Olyan matematikai problémát sikerült jól megoldanom, amellyel az elsőéves egyetemisták foglalkoztak. A hír, hogy esti iskolába járhatok és befejezhetem a tanulmányaimat, lázba hozott. Ez júniusban volt; az esti iskola szeptemberben kezdődött. Tudtom nélkül Mrs. Gillespie mozgásba hozta kapcsolatrendszerét, aminek eredményeként egy mise utáni ebéd alkalmával a lehihetetlenebbnek tűnő hírekkel állt elő. Elintézte, hogy külföldi diákként felvegyenek az Edinburghi Egyetemre a World University Services ösztöndíj keretében, ami azt jelentette, hogy a tandíjat kifizetik helyettem, és ezen felül heti kilenc font támogatásban részesítenek. Ez körülbelül ugyanannyi volt, amennyit a gyárban kerestem.

6 kép: Mrs. Gillespie és családja Maureen esküvőjén.

.

Nos, nem hittem, hogy bölcs választás lett volna angolul jogot tanulnom. Magyarországon dolgoztam gazdaságban és erdőben, ezért úgy gondoltam, hogy erdőmérnöki tanulmányokat szeretnék folytatni. Egy hónapon belül levélben értesültem Dr. Charles Taylortól, az Edinburgh Egyetem Erdőmérnöki Karának tanulmányi igazgatójától, hogy felvettek a karra, felvéve, hogy átmegyek a külföldi diákok számára előírt angol nyelvi teszten. Nagyon örültem ennek a lehetőségnek, ahogy Mrs. Gillespie is. Megköszöntem neki, hogy felkészített a jövőmre.

Szeptember másodikán vonatra szálltam és Edinburghbe utaztam. Mrs. Gillespie helyet foglalt a számomra egy Manor Club nevű diákszállóban, amelyet kifejezetten külföldi diákok számára működtetett Mr. és Mrs. McDonald. Egy Yatendra Dixit nevű, New Delhiből, Indiából érkezett diákkal laktam közös szobában. Yatendra a legjobb barátom lett és rengeteg időt töltöttünk együtt az első évben. Yatendra segítségével megismertem az indiai kultúrát, zenét és a csodálatos ízvilágú curry ételeket.

7 kép: Edinburghi szobatársam, Yatendra Dixit.

Ebben az időben látogatott Edinburghbe Mr. Nehru, India miniszterelnöke. Megtudtam, hogy a barátom, Yatendra, a híres Dixit családból származik. Meghívták, hogy találkozzon Mr. Nehruval egy személyes meghallgatás keretében. Szerencsém volt és vele tarthattam, így kezet rázhattam Mr. Nehruval. Egy apró, magyarországi faluból származó fiú számára egy életre szóló élmény volt találkozni a *Béke Galambjával*, ahogy Mr. Nehrut akkoriban nevezték.

Írtam a nagyapámnak erről a fontos eseményről. Az édesanyám válaszolt; azt írta, hogy nagyapám olyan boldog volt, hogy könnyekben tört ki. Ez a levél volt az utolsó, amelyet nagyapámmal váltottam. Levelem olvasása után néhány nappal elhúnyt.

Aznap, amikor meghalt, a dátum akkoriban még nem volt ismeretes számomra, magam körül éreztem nagyapám jelenlétét. Mellettem volt az éjszaka és további küzdelemre bíztatott. Ez még több erőt adott a számomra a nyelvi vizsga sikeres letételéhez, amelyet korábban még nem tettem meg.

Az egyetemi évek tele voltak kihívással. Dr. Taylor arról tájékoztatott, hogy az ösztöndíjam megtartása érdekében két héten belül le kell tennem az angol nyelvi záróvizsgát, amelyet a külföldi diákoknak írtak elő. Továbbá, legalább 33%-os eredménnyel kellett vizsgáznom szakkifejezésekből kémia I (általános kémia), botanika I (általános növénytan), zoológia I (általános állattan) és fizika I (alkalmazott tudományok) tantárgyból. A magyar diákok, akiknek ugyanazt a vizsgát kellett letenniük angol nyelvből már nyolc hónapja jártak angolórákra. Már csak két tanóra volt hátra a záróvizsga előtt. Megjelentem a két órán és megállapítottam, hogy többet értek, mint más diákok. Főként azért, mert olyan angol nyelvi környezetben kellett túlélnem, ahol csak ritkán beszéltek magyarul. Másrészről, a többi diák, aki a hostelben lakott, mind magyarul beszélt, kivéve, ha a tanórán voltunk. A professzor, aki Magyarországról származott, átadott nekünk egy esszé listát, amely anyagára a záróvizsga épít.

Átnéztem a listát és kiválasztottam George Orwell Lelőni *egy elefántot* című művét. Érdekelt a történet, amelyet Orwell az esszében leírt, hasonló üzeneteket közvetített, mint amilyeneket a nagyapám tanított nekem. Különösen ezt a mondatát kedveltem: "ha a fehérember egyeduralkodóvá lesz, saját szabadságává válik a pusztítás", egy gondolat, amely útjelző világossággá vált a számomra. Szerencsém volt, mert a vizsga tartalmazott egy angolról-magyarra lefordítandó szakaszt ebből a műből. Még a "feltűnő ruhadarabok" kifejezést is le tudtam fordítani, így a legjobb jegyet kaptam az osztályban. Ez a tény inkább csökkentette a népszerűségemet a magyar diákok között. Mélyen legbelül mégis meg voltam győződve róla, hogy nagyapám lelke figyel rám.

Az első félévben a jegyzeteimet félig angolul, félig magyar nyelven írtam. Aztán esténként lefordítottam a jegyzeteket egy szótár segítségével, így teljességében képes voltam megérteni, amit a professzor mondott. Egészen jól boldogultam az olyan tanórákon, ahol csak odafigyelni kellett, de különösen nehéz dolgom volt, amikor a többi diákra és tanárra kellett reagálnom. Nagyon idegessé tett, ha valaki feltett egy kérdést. Féltem, hogy a válaszom eltérhet a témától, mivel hogy nem értem a kérdést.

Az egyik legmegszégyenítőbb pillanatot a kémiaórán éltem át. Egy kétórás kísérlet végéhez közeledtünk. Mindössze be kellett volna fejeznem a titrálást. A professzorok egyike, aki mindig nagyon komolyan viselkedett, mögém lépett és erősen figyelte a munkámat. Annyira ideges voltam, hogy elrontottam a kísérletet. Ő csak ránézett a végeredményre és jó hangosan, hogy a laborban lévő száz diák mindegyike hallhassa, megkérdezte: "Hegyi, maga mindig disznóólban dolgozik?"

"Nem uram, csak mióta Ön idejött." – válaszoltam.

Ezen mindenki nevetett, a professzort kivéve, aki meglehetősen dühösen továbbsétált. Nem értettem mi történt. Én úgy véltem, azt mondtam neki, hogy a padom tiszta volta, amíg az ő jelenléte túl izgatottá nem tett. Az óra után a diákok egyike elmagyarázta, hogyan értelmezte a professzor a válaszomat.

Egy másik zavarba hozó incidensre a Marks and Spencer áruházban került sor nemsokkal Karácsony előtt 1957-ben. Elég megtakarított pénzem volt ahhoz, hogy ajándékot küldjek a szüleimnek. Megláttam a kirakatban egy csinos hálóinget. Arra gondoltam, hogy anyámnak tetszeni fog, sőt még apám is értékelni fogja. És kis súlya miatt a légiposta költsége Magyarországra sem lesz túl magas. Bementem a bolt női ruházati osztályára, és megkerestem a hálónemű részleget, ahol a hálóingek fogasra akasztva függtek. Nem tudtam, hogy anyám milyen méretet hord, így elhatároztam, hogy segítséget keresek. Körbenéztem és megláttam egy hölgyet, aki alkatát tekintve körülbelül az édesanyámhoz hasonlított. Még mindig nem voltam kellően folyékony az angol nyelvben ahhoz, hogy elmagyarázzam mire van szükségem, így ügyetlen akcentussal ez kérdeztem: "Ön milyen méretű hálóinget hord?"

Ő némileg furcsállva a dolgot rám nézett és megkérdezte: "Maga perverz?"

Mivel nem ismertem a szó jelentését, csak bólintottam és mosolyogtam. Ekkor a hölgy magához intett néhány egyenruhás embert, akik a hátsó irodába kísértek, és elkezdtek kérdezősködni. Amikor sikerült elmagyaráznom, hogy mit akartam, a biztonsági őrök beszólították az eladóhölgyet és elmagyarázták neki a problémámat. Miután kikacagta magát nagyon segítőkész lett, még be is csomagolta számomra az ajándékot. Elmondta, hogy van egy fia, aki körülbelül olyan korú, mint én vagyok, és ha ő külföldön lenne és egy ilyen csinos hálóinget küldene neki, amilyet én is választottam, nagyon büszke lenne rá. Amikor visszatértem a szállásra, fellapoztam a szótárban a "pervert" szót; amikor megtaláltam körülbelül tíz árnyalattal lett vörösebb az arcom.

Az egyetemen nagyon kedvesek voltak velem. Az első évben megengedték, hogy minden vizsgára angol-magyar szótárt vigyek. A szótárt már egy nappal a vizsga előtt átadtam a vizsgáztatónak, így át tudta nézni, hogy nem tartalmaz-e puskát. Amikor odaértem a vizsga helyszínére, kézhez kaptam a szótárt, hogy lefordíthassam a kérdéseket. Amint befejeztem a kérdések lefordítását, visszaadtam a szótárt a vizsgáztató tanárnak, majd elkezdtem megválaszolni a kérdéseket.

Minden félév végén sikerült 33% fölött teljesítenem, mind a négy tudományos tantárgyban, így az ösztöndíjam biztonságban volt. Az első év végén sikerrel vizsgáztam botanikából és zoológiából, de évet kellett ismételnem kémiából és fizikából. Az évismétlés már sokkal könnyebb volt, az angoltudásom is rohamosan javult, és képes voltam rá, hogy professzoraimat megértsem. Már nem volt szükségem a szótárra, hogy lefordítsam a kérdéseket. Ennek eredményeképpen már jutott időm társas tevékenységekre is, és kezdtem eljárni együtt más diákokkal, különösen fiatal amerikai és svéd hölgyekkel, szórakozni.

1958 nyarán randizni kezdtem egy amerikai cserediákkal, Judy Morannal. Másodéves hallgató volt New Yorkból, és európai történelmet hallgatott Edinburghben. Judytól rengeteget tanultam Amerikáról, és elhatároztam, hogy egy nap egészen biztosan ellátogatok az Amerikai Egyesült Államokba és Kanadába.

1959. januárjában elköltöztem a Manor Clubból, a közeli Hay Marketben béreltünk lakást. Ezt a helyet három másik diákkal közösen vettem ki. Helmut Németországból, Eduardo Spanyolországból és Kenny Burmából voltak a lakótársaim. A bérbeadó hölgyet Miss Boydnak hívták. Az ötvenes éveiben járt, sosem volt házas, és Eduardo szerint meleg lehetett. Hétvégenként a barátnője nála töltötte az éjszakát. Én szoktam nekik ágyba vinni a kávét.

Eduardo volt köztünk a legidősebb és a legokosabb. Pipázott, ami művelt ember látszatát keltette. Soha sem jelentett gondot a számára, hogy szép lányokkal randevúzhasson. Spanyolországban jogi diplomát szerzett, és azért jött Edinburghbe, hogy néhány angol nyelvű kurzust elvégezzen. Helmut, harmadéves diákként politika tudományokat tanult, Edinburghben pedig nemzetközi gazdaságtan kurzust látogatott. Kenny, egy burma-i herceg, első éves biológiahallgató volt. Felváltva főztünk, de idővel én váltam a főétkezések elkészítésének felelősévé. Helmut mosta el az edényeket, Eduardo törölgetett, Kennyre pedig csak az edények elpakolását bíztuk. Kennynek otthon szolgái voltak, és ahhoz volt szokva, hogy kiszolgálják. Mellettünk is megpróbálta ugyanazt az életmódot folytatni, de mi azonnal elkezdtünk átformálni, hogy segítsünk neki beilleszkedni a nyugati társadalomba.

Kenny reggelente megpróbált tovább aludni, míg mi a reggelit készítettük, arra várva, hogy csak akkor keltsék fel, amikor az étel már elkészült. Egy szombat reggel, kigördítettük az ágyát a hálószobából a hallba, miközben ő még benne aludt. Megkértem Miss Boyd-ot, hogy segítsen nekünk felkelteni. A hölgy kijött a hálószobájából és széles mosollyal így szólt "Ébresztő Kenny", miközben lehúzta róla a takarót. Miss Boyd elvisította magát és visszarohant a hálószobájába. Kenny mezítelenül feküdt az ágyon és láthatóan gyönyörű lányokról álmodott. Ezt követően Kenny sietve felébredt, berohant a hálószobánkba, felöltözött és leült közénk reggelizni, miközben mi még az előzményeken nevettünk. Ezek után Kenny volt az első, aki az ágyból felkelt, különösen hétvégenként.

8 kép: A huszonegyedik születésnapi bulim.

1959 februárjában megismertem egy csinos skót lányt, Elizabeth Murrayt. Utolsó éves volt angolszakon az alapképzésben. Elizabeth rengeteg segített nekem az angoltanulásban, és bevezetett egy művészi életstílusba, amely koncertre járást és történelmi helyek felkeresését foglalta magába. Ellátogattunk egy koncertre az Usher Hallba, ahol Yehudi Menuhin, a híres hegedűművész tehetség lépett fel. Magyarországon csak a cigányokat hallottam hegedűn játszani, de olyan remek stílusban, hogy szinte csodákat műveltek a hangszerükkel. Mr. Menuhin képességei, melyeket a koncert keretében bemutatott, teljesen elkápráztattak. Elizabethet is elbűvölte. Egy másik emlékezetes alkalommal, Elizabeth és én a

85

Diák Egyesület jazz fesztiváljára mentünk, ahol az egyetem rektora, Sir James Robertson Justice volt a rendezvény házigazdája.

1959 júniusában sikeresen letettem a záróvizsgát kémiából és fizikából, majd néhány hónappal később megkezdtem erdészeti tanulmányaimat. Az erdészeti kurzusokhoz kapcsolódó tantárgyakat sokkal könnyebbnek találtam, és általában véve jó jegyeket szereztem, miközben még társas tevékenységekre is jutott elég időm. Elizabeth 1959 júniusában, a diplomaszerzést követően Glasgow-ba költözött. Néhányszor meglátogattam őt, de a kapcsolat fokozatosan kiürült. A tanulmányaimra koncentráltam, és csak ritkán randevúztam. Mivel az Erdészeti Kar az Egészségügyi Hallgatók Rezidenciájának közelében volt, ha bármikor partnerre volt szükségünk, hogy a Hallgatói Egyesületi Csarnokban tartott táncesten részt vegyünk, nem jelentett problémát kísérőt találni az nővérhallgatók között. Eljártam a Nemzetközi Házba is, amely a Princess utcában volt; ide külföldi hallgatók jártak kávézni, vagy sörözni és egymásnak erkölcsi támaszt nyújtani. Októberben elmentem egy szombati táncestre a Nemzetközi Házba, ahol egyiptomi barátaim csoportjában volt egy csinos skót lány. Audrey Sutherlandnek hívták. Felkértem táncolni és annyira jól éreztük magunkat, hogy egészen az utolsó táncig a parketten maradtunk.

Audrey megjegyezte, hogy jól táncolok. Különösen kedvelte a vicceimet, ami jó volt, mert sohasem fogytam ki belőlük. A táncest végén hazakísértem. A Princess utcánál elcsíptünk egy buszt. Az út az utolsó külvárosi megállóig húsz percig tartott. Leszálltunk a buszról és tíz percet sétáltunk, amíg odaértünk a házhoz, amelyben a szüleivel élt. Mielőtt elbúcsúztunk egymástól megbeszéltünk egy randit a következő napra. Visszasétáltam a buszmegállóhoz és észrevettem, hogy éppen lekéstem az utolsó buszt. Stoppolva sikerült visszajutnom a városba. Hajnali három óra volt, mire ágyba kerültem.

Az éjszaka hátralévő részében nem tudtam aludni. Nagyapámra emlékeztem, aki mesélt róla, hogy milyen volt, amikor először táncolt a nagyanyámmal. Az édesapám is egy táncesten ismerte meg anyámat. Audrey és én elkezdtünk tartósan együtt járni, és továbbra is jól éreztük magunkat együtt. 1959. október 31-én szombaton elhívott, hogy megismerjem a szüleit. Ideges voltam, és elhatároztam, hogy megpróbálok jó benyomást tenni rájuk. Vásároltam Mrs. Sutherland számára egy virágcsokrot, amelyet később, amikor Audrey bemutatott a szüleinek, a következő szavakkal adtam át: "Mrs. Sutherland, egy csupor virág az Ön számára."

Audrey kijavította a kiejtésemet a csokor szót illetően, miközben mindenki udvariasan nevetgélt az angoltudásomon. A következő alkalommal, amikor megpróbáltam Mr. Sutherlandet elbűvölni, egy skót viccet akartam elmondani, amit Audrey és én osztottunk meg egymással első közös táncestünk alkalmával.

"Mr. Sutherland", mondtam, "hallott már a két skót férfiről, akik egy pennyben fogadtak, hogy ki tud hosszabb ideig a víz alatt maradni, és mindketten megfulladtak?"

Nem arattam vele sikert, és Audrey később elmagyarázta, hogy akkor, amikor azt mondta, hogy az édesapjának tetszene ez a vicc, nem úgy értette, ahogyan én. Minden esetre a Sutherland család elfogadott. Megismertem Audrey két fiútestvérét, Ian-t és Gordon-t. Ian, aki igazán barátságos ember, volt a legidősebb. Ő és én jól kijöttünk egymással. Gordon Audrey öccse volt. Ő soha sem fogadott be a családba. Ebből fakadóan kapcsolatunk udvarias, de távolságtartó maradt.

1959 novemberében egy nagyon különös dolog történt. Audrey barátnője, Val látogatott el hozzánk, Aberdeen-ből. A két lány elhatározta, hogy felkeresnek egy jövendőmondót. A jósnő egy idős cigányasszony volt. Olvasott Audrey tenyeréből és azt mondta neki, hogy bár azt tervezi, hogy Amerikába megy, már találkozott egy férfival, aki akcentussal beszéli a nyelvet, és akivel össze fog házasodni. Azt is mondta, hogy hozza ki a legjobbat az életéből, mert nem fog harminckét éves koránál tovább élni. A jóslat megijesztette Audrey-t, különösen, amikor megkértem a kezét. Bevallotta, hogy egy éppen amerikai utazást akart lefoglalni, amikor találkoztunk, de visszamondta, mert kíváncsi volt, hogy hogyan fog alakulni a kapcsolatunk. Mindenesetre elfogadta a házassági ajánlatomat, bár nekem az államvizsgáig még egy további tanulmányi évem hátra volt.

Ezután Audrey a jósnő jóslatának második részén folytatta az aggodalmaskodást.

Mr. és Mrs. Sutherlandet elbűvölte a hír, hogy össze akarunk házasodni, bár kicsit meglepődtek, amikor elmondtuk, hogy azonnal sort szeretnénk keríteni rá. Biztosítottuk őket róla, hogy Audrey nem várandós. Csupán arról volt szó, hogy szerelmesek voltunk, és egész életünket együtt akartuk tölteni. Audrey azzal is érvelt, hogy a megélhetési költségeket kétfelé osztva jobban kijövünk anyagilag, mint külön-külön.

Eredetileg azt terveztük, hogy a római katolikus templomban fogunk egybekelni, bár Audrey szülei a presbiteriánus felekezethez tartoztak. Amikor a pap elmondta Audrey szüleinek, hogy át kellene térniük a katolikus vallásra, mint az egyetlen megváltást nyújtó lelki útra, mindketten egyetértettünk abban, hogy inkább a presbiteriánus templomban fogunk összeházasodni, ahol Mr. Sutherland a közösség vénei közé tartozott.

Az esküvőre 1960. február 20-án kerítettünk sort, Findlay tiszteletes vezetésével. Felesége, Muriel volt az esemény felelős szervezője, beleértve a zenekíséretről való gondoskodást is. Audrey kedvenc himnusza "Az Úr az én pásztorom" című dal volt. Ezt játszották, amikor édesapja kíséretében az oltárhoz sétált. A ceremónia után, erdész osztálytársaim egy tengelyes ívet alkottak körülöttünk, miközben távoztunk a templomból. Az esküvő utáni fogadást egy hotelben tartottuk, melyet egy sor áldásmondással kezdtünk, bort ittunk és élő zenére táncoltunk. Különösen megindítónak találtam, amikor Audrey és én a nyitószámra, az "Ó, milyen táncot lejtettünk az esküvőnk éjjelén" című dalra táncoltunk, amely az én kedvenc dalom volt. Ezt a dalt Al Jolson népszerűsítette.

A fogadás után a szobák egyikében átöltöztünk, majd taxival mentünk ki a vasútállomásra, hogy Aberdeen-be utazzunk a nászutunkat eltölteni. Audrey nagymamájának volt ott egy lakása. Míg a nagymama Audrey mamájánál volt Edinburgh-ben, ingyen laktunk a lakásában. Ez a lehetőség teljesen megfelelt a számunkra, mert nem volt sok pénzünk, és hotelben megszállni egy kissé túl drága volt a számunkra.

Miután bejutottunk a lakásba, a következő legnyilvánvalóbb lépés a hálószobába vezetett. Amikor leültem az ágyra, hogy levegyem a zoknimat, valaki becsöngetett. Kimentem, hogy ajtót nyissak, de senki sem állt a küszöbön. Visszamentem a hálószobába, ám amint Audrey az ágyra telepedett, megint megszólalt az ajtócsengő. Aztán megértettük, hogy az ágyat bekábelezték; ha valaki lenyomta, a csengő bekapcsolt. Visszatelefonáltunk Edinburgh-be, a nagyi pedig jót nevetett, miközben Audrey-nak elmesélte, hogy villanyszerelőt hívott, hogy elvégezze az átkötést. Nagyon büszke volt magára és örült, hogy sikerrel járt. Nem tudtuk, hogyan lehet a találmányt leállítani, így végül a matracokat a padlóra raktuk le, hogy így kerüljük meg az ajtóval való összekötést.

9 kép: Diplomaosztás az Edinburgh-i Egyetemen

Audrey és én egy kis lakásba költöztünk, amely egy lakószobából, egy hálószobából, egy fürdőszobából és egy főzőfülkéből állt. Ő labor technikusként dolgozott és ezzel

90

körülbelül ugyanannyit keresett, mint én az ösztöndíjjal. Ketten olcsóbban kijöttünk a megélhetésünk költségeit tekintve, mint amikor még egyedülállók voltunk. Nyáron és a karácsonyi szünetben a Fourth Bridge-en található McEwan's sörgyárban dolgoztam, így némi plusz bevétellel egészítettem ki a ruházatra és szórakozásra fordítható költségvetésünket. A sörgyári munkám szintén emlékezetes lett. Ez volt az első alkalom a számomra, hogy kapcsolatba kerültem az angliai Szakszervezeti Érdekképviselet Mozgalommal. A kommunizmus idején a szakszervezeteknek nem volt beleszólásuk a munkafeltételek és a munkabérek megállapításába. Kizárólag azzal a céllal működtek, hogy nyaralásokat és szünidei kirándulásokat szervezzenek a munkásoknak. Mivel a kormányzat kívánta képviselni a munkásokat és a proletariátust, a kommunisták szerint nem volt szükség más képviseleti szervre a munkásosztály tekintetében. Kommunista vezetőink gyakran mondogatták nekünk: "Elvtársak, nincs rá szükség, hogy gondolkodjanak, az állam gondolkodik maguk helyett." A kommunista propaganda arról is beszámolt, hogy mennyire elnyomják Nyugaton a szakszervezeti érdekképviseleti mozgalmakat.

Amikor Mr. Hamilton, az angliai szakszervezet vezetője félre hívott és így szólt: "Fiam, maga új ebben az országban, gondoltam néhány dolgot el kellene magyaráznom magának." Ugyanabban a tempóban dolgozzon, mint a munkatársai."

"Rendben", válaszoltam. Nem igazán értettem, mért érezte úgy, hogy ezt szóvá kell tennie.

Tommy, a kollégáim egyike észrevette a zavarodott kifejezést az arcomon. Elárulta, hogy a bolti kiszolgáló panaszkodott Mr. Hamiltonnak, hogy túl keményen dolgozom, így kollégáimat rossz színben tüntetem fel. Tommy ezt tanácsolta: "Csak lazíts és dolgozz úgy, ahogy mi is."

Ezek után odafigyeltem rá, hogy a munkavégzési rutinnak megfelelően dolgozzak, és nevetnem kellett azon a kommunista propagandán, amely a dolgozói érdekképviselet nyugati elnyomásáról tudósított.

Házasságban élő diákként még jobban odafigyeltem, hogy sikeresen vizsgázzak, így osztályzataim javultak.1961 júniusában B.Sc. fokozatot szereztem erdőmérnök alapszakon.

A főiskolai diploma megszerzése után a következő kihívás a munkába állás volt a számomra. Az első állásom erdészeti területen volt Angliában. Az Angol Erdészeti Komisszió 1961-ben csupán néhány betölthető állást kínált, és külföldiként nem akartam angol diplomásokkal versenyezni. Elhatároztam, hogy megpályázok egy tengeren túli állást a brit rendszerben, amely a Gyarmati Iroda hatáskörébe esett.1961 júliusában levelet kaptam az Irodától, melyben egy londoni interjúra hívtak. Egy üzemeltetési asszisztens munkáról volt szó, Észak-Rodézia (Zimbabwe, Dél-Afrika) őserdeiben. Komolyan foglalkoztatott ez a lehetőség, különösen azért, mert novemberre vártuk első gyermekünk születését.

Vettem egy új öltönyt, levágattam a hajam, és elvonatoztam Londonba. Az interjúra délután 2 órakor került sor. A vonat dél táján ért a pályaudvarra, így jutott még rá némi időm, hogy megebédeljek. Az állásinterjú helyszíne a Piccadilly körút közelében volt; éppen beléptem az épületbe, mikor egy piszok galamb rápottyantott a fejemre. Természetesen, ebben az állapotban nem mehettem az interjúra, ezért beszaladtam az első mosdóba, hogy rendbe tegyem magam. Miután rendbe szedtem a megjelenésemet, tíz perces késéssel felrohantam az interjúszobába.

Az első kérdés, amit a kérdező bizottság elnöke feltett a következő volt: "Hegyi úr, mért késett el?"

Elmondjam az igazat? Érje be azzal, hogy elnézést kértem, az ok kifejtése nélkül. Aztán rátértünk az interjúkérdésekre. Nyilvánvalóvá vált, hogy nem illettem bele abba a gyarmati sztereotípiába, amelyet az elnök keresett. Olyan kérdéseket tett fel, hogy van-e fehér alkalmi zakóm? A felől is érdeklődött, hogy szívesen járnék-e fogadásokra a Kormányzói Rezidenciára. A válaszaim nem kápráztatták el, így körülbelül tíz perc elteltével közölte, hogy nem tudnak állást ajánlani nekem. De bíztatott, hogy próbáljam meg újra jövőre. Elmondtam, hogy valószínűleg nem fogok újra pályázni, mert nem tervezem, hogy egy évig munka nélkül legyek, még ha csupán árokásásra vennének is fel. Azzal az erős felelősségtudattal nőttem fel, hogy a férfinak el kell látnia a családját.

A beszélgetés ezen a pontján a kérdező bizottsági tagok egyike azt kérdezte: "Érdekelné egy dél-amerikai munkalehetőség?"

"Igen, uram." - válaszoltam, "Szükségem van egy állásra. A feleségem novemberre várja az első gyermekünket, így bárhol munkát vállalnék."

Ez az úriember aztán számos további kérdést tett fel a bozótban, nehezített körülmények közötti munkavégzéshez való hozzáállásomat illetően. Elmondtam, hogy egy évig dolgoztam erdőmunkásként Magyarországon, és hogy folyamatosan kisegítő munkát végeztem apám farmján.

Az elnök, akinek láthatólag nem voltam szimpatikus, közbe vágott: "Köszönjük, Hegyi úr! Amint lehet, értesíteni fogjuk a döntésünkről."

Edinburgh-be hazavezető utamon meg voltam győződve róla, hogy nem kaptam meg a munkát. Így meglepett, amikor néhány héttel később levelem érkezett a Gyarmati Iroda Műszaki Együttműködési Részlegétől, melyben egy üzemeltetési asszisztensi munkát ajánlottak számomra Brit Guyanában, Dél-Amerikában.

Oda utazásomat megelőzően részt vettem egy hathetes tréningen a Tolworth-i Tengerentúli Megfigyelési Igazgatóságon. A kurzus témája a légi felvételek kiértékelése és az erdőmegfigyelés volt. R.G. Miller úr volt a kiképzésemért felelős személy, és már az első nap kiderült, hogy nincs térlátásom. Miller úr azt javasolta, hogy keressek fel egy szemészt, hogy megvizsgáljon, mert a légi felvételek kiértékeléséhez szükséges a térlátás. A szemész úgy találta, hogy a bal szememre rövidlátó vagyok, és kancsal is, így beállításra van szükségem. Amikor megtudta, hogy a térlátáson a munkám múlik, rengeteg időt fordított rám; a bal szememet edzette egy monokli segítségével.

Az éjszakákat többnyire azzal töltöttem, hogy egy zsebláttcső segítségével gyakoroljak. Másnap reggel az irodában feltettem a monoklit a látcsőre, és megpróbáltam fókuszálni; dél körül már működött a térlátó képességem. Elmentem, hogy elújságoljam Miller úrnak a jó híreket. Kaptam tőle egy légi felvétel sorozatot, és megkért, hogy mérjem meg a fák magasságát egy látószög korlát segítségével. Sikerült az adatokat jól megbecsülnöm. Amikor ő is megpróbálta, nem tudta saját magát térlátással érzékelni, ami igazán elbizonytalanította. Aztán észrevettük, hogy a monokli rajta maradt a látcső bal csövén. Ezen Miller úr jót nevetett.

Ekkor már kellően felkészült voltam első szakmai megbízatásomra.

Amazon Esőerdő

November 17-ére foglaltak terngerhajo áratot a számomra, Brit Guyanába. Volt rá időm, hogy a diplomaszerzést követő tréning után visszautazzak Edinburgh-be, becsomagoljam szerény ruhatáramat, és elbeszélgessek a még meg nem született gyermekemmel arról, hogy mennyire szeretnék jelen lenni a születésekor. Ő, úgy tűnt, ebben nem akart velem együttműködni. Szívfacsaró érzés volt, de el kellett hagynom a családomat, hogy Liverpoolba utazzak, és onnan egy Arakaka nevű teherhajón átvágjak a tengeren.

Ez különleges élmény volt. Mindössze huszonegy utas volt a hajó fedélzetén. Az utazás alatt szorosan összekötődő, játékos csapattá váltunk. Szerencsémre a legénység elfogadott, és jó barátságot kötöttem Sparks-szal, a kommunikációs tiszttel. Egy magyar nyelvű táviratot vártam, amint első gyermekem megszületik. A távirat célja a bébi megérkezése hírének bejelentése és annak tudatása volt, hogy fiam vagy lányom született. Azért kértem, hogy magyar nyelvű legyen, mert így nem kellett apává válásom alkalmából mindenkinek italt rendelnem. A távirat november 19-én érkezett.

Sparks megkért, hogy fordítsam le. "Mi áll benne?"

Annyira izgatott voltam, hogy elmondtam: "A feleségem fiút szült." Hát csak kicsúszott! Mindenkinek rendelnem kellett egy italt, hogy megünnepeljük az boldogító eseményt. Szerencsére az alkoholos italok a hajón olcsók voltak, mert nem kellett utánuk adót fizetni a kormányzatnak.

1961. december 4-én, kedden érkeztünk Georgetownba. Mr. Jeffrey Phillips, az esőerdő üzemeltetési igazgatóhelyettese várt rám, és vitt el a Murray utcában lévő vendégházba. A ház mindössze egy sétányi távolságra esett az Erdészeti Részleg Kingston úti irodájától, ami igazán kényelmes volt, mert nem volt rá pénzem, hogy autót, vagy akárcsak egy kerékpárt vásároljak.

Másnap reggel 8-kor bementem az irodába, hogy beszámoljak Dow úrnak, az esőerdők üzemeltetési igazgatójának. Amikor az irodájába léptem, felismertem, hogy ő volt az az ember, aki Londonban megkérdezte, hogy akarnék-e Dél-Amerikában dolgozni. Széles mosollyal köszöntött, elérve, hogy igazán jól érezzem magam az első szakmai megbízatásomban. Az eligazításom során Dow úr remek munkát végzett. Tájékoztatott, hogy Tom Reese úr, aki szintén tagja volt a kérdező bizottságnak, rövidesen megérkezik, hogy felkészítsen rá, hogyan kell expedíciót vezetni a dzsungelben. A kollégáim segítségével kibéreltem Georgetownban egy bútorozott házat; 1962. február 1-én vettem birtokba. Phillips úr ebben a tekintetben hihetetlenül segítőkész volt, felajánlotta, hogy segít háztartási alkalmazottat találni. Azt válaszoltam, hogy nincsen rá szükségem. Azzal érvelt, hogy a helyiek önzésnek tekintenék, hogy nem akarnám megosztani velük a jövedelmemet.

Engedtem neki, és felvettünk a háztartás vezetésére egy amerikai indián hölgyet, Lénát; munkájáért havi 30 BG$-t fizettem, ezen felül lakhatást és étkezést biztosítottam neki.

Lénának volt egy hároméves kislánya, Lisa. Nagyon örült a munkalehetőségnek. A teljes három év alatt, amit Brit-Guyanában töltöttünk, nálunk maradt.

Abban az időben a politikai helyzet Brit Guyanában meglehetősen nyugtalanító volt. A kormányzó párt, a Népi Progresszív Párt (PPP) volt, amelyet Dr. Gheddi Jagan vezetett; - egy az Egyesült Államokban diplomát szerzett, kelet-indiai származású fogorvos. A fő ellenzéki párt a Népi Nemzetgyűlés (PNC) volt, vezetőjük Forbes Burnham, az afrikai származású polgárok képviseletében. A másik ellenzéki párt az Egyesült Erő (UF), melynek élén Peter D'Aguiar állt; egy portugál szármázású, kiterjedt üzleti érdekeltségekkel rendelkező üzletember. D'Aguiarnak volt egy sörgyára, jobbszélső vallási csoportokkal tartott fenn kapcsolatokat és az ő kezében volt a helyi újság, a Chronicle, kiadója.

A nejem és a fiam 1962. február 14-én érkeztek Georgetownba. Nagyon izgatottá tett, hogy először láthatom a fiam. Amikor kiszálltak a hajóból, Audrey átnyújtotta nekem Michaelt, akit a nagyapám után nevezett el. Néhány percen belül valami meleg és nedves dolgot érzékeltem. Michael nem viselt pelust, és úgy döntött megkeresztel. Audrey nevetett, és azt mondta, hogy így fizettem meg az árát, hogy nem voltam ott, amikor Michael megszületett.

A csomagjaink egybegyűjtése után az Erdészeti Részleg kis transzporterével autóztunk vissza a házhoz. Audrey-t meglepte, hogy házvezetőnőnk van. Elmagyaráztam neki a körülményeket, ő pedig örült, különösen, amikor meglátta, hogy Léna milyen csodálatos fogásokat készített számunkra új otthonukban, az első vacsora alkalmából.

Február 15.-én Mr. Phillips körbekocsikázott bennünket Georgetownban, aztán pedig a híres tengerfal mentén sétáltunk.

99

Audrey-t és engem lázba hozott a trópusi élet; a pálmák látványa, a meleg éghajlat és a trópusi esők. Az eszkalálódó zavargások miatt viszont, sajnálatos módon, erősen nyugtalanított bennünket az ország politikai klímája.

Február 16-án elkezdődtek a randalírozások. Az ellenzéki aktivitás hajnalban kezdődött, a Water utcában. Az Egyesült Erők vezetői és támogatói arra bíztatták az összegyűlt embereket, hogy vonuljanak a Parade Grundra, ahol D'Aguiar fog beszédet intézni hozzájuk. A rendezvény ideje alatt egy kisebb embertömeg verődött össze a kingstoni villamos művek előtt, és köveket és üvegeket dobáltak az épület ablakaira.

A nejem és én bérelt otthonunk erkélyéről figyeltük, ahogy a fosztogatók bútorokat és más értéktárgyakat cipeltek magukkal. Ez új élmény volt a számunkra. Már majdnem meggondoltuk magunkat, Brit Guyána-i tartózkodásunk dolgában, különös tekintettel a kisdedre. Mindazonáltal a város, úgy tűnt, néhány napon belül visszatért a normális kerékvágásba, mi pedig fokozatosan megszoktuk új környezetünket. Michael különösen élvezte a trópusi klímát.

1962 márciusában megérkezett Tom Reese úr, Londonból, a Műszaki Együttműködési Részlegtől, hogy megtanítson felfedező utakat vezetni és túlélni a dzsungelben. Amikor leszállt a hajóról, felismertem benne az engem még Londonban állásinterjúztató cégképviselők egyikét. Egykor ő volt Nigériában az esőerdők üzemeltetési igazgatója, egy nagyon szívélyes angol úriember, aki a hagyomány tiszteletének inkább eredeti módját választotta. Három hónapig tartózkodott nálunk; bozót-túlélő oktatást, és további tréningeket tartott légi felvételek kiértékelése témában az irodában. 1963 elején átköltöztünk egy bútorozott kormányzati házba, amely Georgetownban, a Thomas utca 252 szám alatt volt megtalálható, és amely a korábbi belügyi vezető rezidenciája volt. A ház kétemeletes volt, két önálló részből állt. A miénk volt az alsó szint, fölöttünk pedig Morrison Sharp professzor és a felesége laktak.

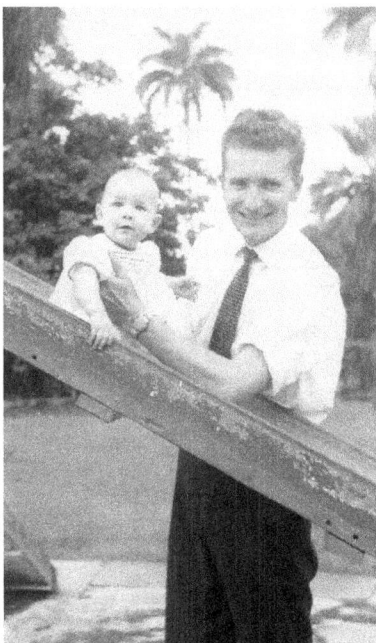

10 Kép: Mike és én a Georgetown-i Botanikai Kertekben.

11 kép: Élet Georgetownban (balról jobbra) Reese, Dow és Phillips urak.

12 kép: Léna, Michael és Lisa.

A Történelmi Részleg vezetője az újonnan alapított Brit Guyána-i Egyetemen Dr. Sharp volt; ő egyébként liberális nézeteket valló amerikai állampolgár volt, az Egyesült Államokból. De elhagyta szülőföldjét, mert tudományos karrierjét romba döntötte az 1950-es évek elején Joseph McCarthy szenátor tudósüldözése, melyet a politikus a liberális nézeteket valló akadémikusok ellen folytatott. Dr. Sharp és én gyakran beszélgettünk politikáról. Tudta, hogy kommunistaellenes vagyok. Nagyon érdekelte, hogy milyen volt az élet a szocializmusban és kommunizmusban. Véleménycsere közben arra az álláspontra jutottuk, hogy a szélsőséges jobb- vagy baloldali nézeteket valló emberek rengeteg szenvedést okoztak már.

Római katolikusként zavart azt hallani, hogy egy római katolikus papnak az az ötlete támadt, hogy McCarthy folytasson kampányt a demokratikus kormányzati szerveknél dolgozó kommunista közellenségek ellen. A politikai indíttatású és öncélú igazságosság nevében McCarthy úr rengeteg karriert tört félbe, és rengeteg életre borított árnyékot. Elmondtam Morrisonnak, hogy a kommunisták hasonlóképpen üldözték azokat, akiket reakcionistáknak tekintettek. Az okozott károk szintén brutálisak voltak.

Dr. Sharp elmondta, hogy tagja egy ötletgyárnak, amely minden szombat délután a Tower Hotelben találkozik, hogy megvitassák a világ eseményeit. A csoport vezetője Lancelot Hogben professzor volt, a Brit Guyána-i Egyetem új kancellárhelyettese és igazgatója. Egyes alkalmakkor Dr. Cheddi Jagan és felesége, Janet Jagan is megjelentek a találkozón. A kommunizmus alatti élettel kapcsolatos tapasztalataim okán, engem is meghívtak ezekre a találkozókra, hogy a pro-leftista nézetek ellen, melyeket a csoport néhány tagja vallott, érveljek. Arra is megkértek, hogy legyek én Lancelot professzor sofőrje, amikor ezekre a találkozókra megy, amelyet valódi megtiszteltetésnek tekintettem.

A csoport érdeklődve hallgatta beszámolómat a kommunista tisztviselők kegyetlenségéről, bár valaki mindig megpróbált párhuzamot vonni a szélső jobboldal és a klérus által előidézett helyzet között. Megállapítottam, hogy az amerikai születésű Janet Jagan, sokkal inkább marxista volt, mint a férje, Cheddi. Amikor megismertem Jaganékat, arra a felismerésre jutottam, hogy mindketten, John F. Kennedy és Harold McMillan kormányzó is hibát követtek el az ellenzék támogatásával a PPP-vel szemben, különösen Burnham esetében.

Miközben Dr. Jagan és Kennedy elnök washingtoni találkozója pozitív kapcsolatot eredményezett, Arthur Schlesinger, az Amerikai Egyesült Államok államtitkára Brit Guyána-i látogatása nehézséget okozott Jaganéknak. Schlesinger a látogatást követően arra a következtetésre jutott, hogy Dr. Jagan szíve a kommunistákhoz húz, valamint, hogy bár Dr. Jagan személyének minden más alternatívája egyformán borzalmas, az államtitkár úr úgy érezte, hogy az USA-nak kevesebb gondja lenne, ha inkább Burnham úr vezetésével valósulna meg Brit Guyana önállósága, feltéve, hogy a politikus el tudja kötelezni magát a faji sokszínűség elve mellett.

Véleményem szerint a történelem bebizonyította, hogy a politika ezzel jelentősen elszámította magát. Schlesinger mindössze Burnham elbűvölő oldalát ismerte. Egyszer, néhány barátom társaságában-étteremben voltam; a mellettünk lévő asztalnál pedig Burnham úr ült ivócimboráival. Olyan látványban volt részem, ami megijesztett. Saját fülemmel hallottam, amint nagy haraggal a következő szavakkal kezdte mondanivalóját: "Ha én jutok hatalomra.."

Az egyik expedíció alkalmával felkeresett a bázistáborban John Foster őrnagy, az Angol Hadsereg egyik tisztje. Ő is a Bartica Háromszögben táborozott, körülbelül öt mérföldre tőlünk. Az őrnagy egy faanyag kitermelő cég, a BG Timbers, területi vezetőjének egykori rezidenciájában állomásozott. John tárborában hűtőszekrény, tűzhely `és beltéri illemhely is volt, ami a bozótban akkoriban nagy luxust jelentett.

Egy nap meghívott, hogy menjek el vele Bartica városba bevásárolni. Azt mondta, aznap ott éjszakázhatok a táborában. Mivel nem fogyott ki a hideg sörből, beleegyeztem, hogy vele tartok. Beszálltunk a Land Roverébe (ő vezetett) és körülbelül három órán belül már Barticában is voltunk. Billiárdoztunk egyet, bevásároltunk, és elfogyasztottunk egy remek fogást az egyik étteremben, majd elindultunk vissza a táborba. Körülbelül az út felénél jártunk, amikor elkezdett besötétedni. John megkért, hogy töltsem meg az egyik fegyvert, arra az esetre, hogy vadállatokkal találkozunk. Nos, nem sokkal később egy kanyarban egy tapír állta el az utat, és nem akart onnan elmozdulni. John rádudált, de semmi sem történt. A jármű kivilágítása szinte odacövekelte az állatot; dermedten állt és folyamatosan a kocsi irányába bámult. Néhányszor a levegőbe lőttem, hogy elijesszem, de meg nem mozdult volna. Aztán hirtelen elkezdte kaparni a talajt a jobboldali első lábával, támadásra készen. John és én mindketten az állatra lőttünk. Most már a túlélés volt a tét. A tapír ismeretesen képes felborítani egy Land Rovert. Elhatároztuk, hogy erre nem adunk esélyt. Néhány lövést követően az állat a földre zuhant, mi pedig elindultuk, hogy megnézzük. Hirtelen a tapír lábra állt és megtámadott bennünket. Visszarohantunk a Land Roverhez; éppen csak sikerült becsuknom az ajtót, amikor az állat utolért, kárt téve a járműben, annak felém eső oldalán. John ekkor a kerék mögött volt és ordított: "Beszálltál?"

Visszaüvöltöttem: "Igen, gyerünk húzzunk innen a fenébe".

Elhajtottunk és biztonságosan eljutottunk John táboráig. Másnap reggel néhány katonával visszatértünk; a tapír az úton feküdt, már nem élt. Rosszul lettem, amikor a katonák egy kölyköt találták a hasában - szintén holtan. Ezt követően elhatároztam, hogy nem fogok fegyvert emelni egyetlen vadállatra sem, amíg csak Guyanában leszek, sőt mind a mai napig ellenzem a vadászatot.

Az expedíció november elején ért véget. Amikor Georgetownba értem, elkészítettem a beszámolómat és elkezdtem becsomagolni. A nejem és a fiam már Edinburgh-ben, Skóciában voltak, az anyósomék házában. A szerződésem részeként rendelkeztem hat hónap fizetett szabadsággal, és a cég állta a Skóciába történő visszautazás költségeit is.

Dow úr elmondta, hogy örülne, ha újabb három évig nála dolgoznék. Azt javasolta, hogy gondoljam át a lehetőséget, és néhány hónap múlva tudassam vele a döntésemet. December 1-n egy hajóval útnak indítottam a holmimat vissza Edinburgh-be (bútorunk nem volt, csak ruhanemű), majd beköltöztem a Tower Hotelbe és vártam az induló repülőgépjáratomra.

Georgetownból kijutom nem volt könnyű: Megint általános sztrájk volt érvényben, az Atkinson repteret lezárták. December 2-án néhány barátom partira hívott, ahol kanadai magas rangú küldöttekkel találkoztam. Azt javasolták, hogy hazavezető utamon tegyek kitérőt Torontó felé, mert Kanadában felsőfokú erdészeti végzettséggel rendelkező embereket kerestek. Másnap elmentem a Kanadai Konzulátusra és beszereztem egy tíznapos látogató vízumot, amellyel beutazhattam az országot.tehát, készenléti állapotban voltam és a járatomra vártam.

December 4-én éppen a bárban ültem egy ital mellett, amikor egy rövid beszélgetés erejéig odajött hozzám egy korábbi szomszédom, DeFreitas kisasszony. A hölgy légi utaskísérő volt az Air France légitársaságnál; az ő segítségét kértem, hogy eljuthassak Trinidadba. Elmondta, hogy másnap éppen oda készül és magával visz néhány embert, akiket a sztrájkolók kiengedtek. Azt a javaslatot tette, hogy vele együtt menjek ki a reptérre. Ilyen módon a demonstrálók át fognak engedni engem is. December 5-én felpattantam DeFreitas kisasszony mögé, robogójára, kettőnk közé fogtam kis kézipoggyászomat, és elindultunk a reptér felé. A hölgy az egyenruháját viselte, így gond nélkül átjutottunk a sztrájkvonalon. A British Airwaysnél már beszereztem a repülőjegyemet; teljesárú jegy volt, így elfogadták a Georgetownból Port of Spainbe vezető szakaszon. Bejelentkeztem egy reptér közeli hotelbe, aztán visszatértem a repülőtérre, hogy kiválasszam a járatokat. Fogtam a teljesárú jegyemet, amelyet a British Airways állított ki az Air Canada járatára, és megkérdeztem, hogy felhasználható-e a jegy Skóciába, Torontói átszállással. Örömmel elfogadták a repülőjegyemet és kiállítottak egy újat, amellyel Torontóba és Montreálba is elutazhattam, mielőtt hazatérek Glasgowba.

Bár nagyon jól éreztem magam Brit Guyanában az előző három évben, és nagyon kedves és barátságos emberekkel is találkoztam, a politikai zavargások miatt nem találtam jó ötletnek három további évet bevállalni. Még helyi kollégáim is keresték a lehetőséget, hogy Georgetownból egy biztonságosabb helyre költözzenek. Elhatároztam, hogy minden tőlem telhetőt megteszek annak érdekében, hogy munkát szerezzek Kanadában, ahol a fiamat egy szebb jövő várja.Túlértem a dzsungelt és a fosztogatásokat, de nem akartam még három évig kockára tenni a szerencsémet.

Kanadai beilleszkedés

Miután a gép leszállt a Malton Repülőtéren (a mai neve Toronto Pearson Nemzetközi Repülőtér) Torontóban, elindultam, hogy taxit fogjak, amivel a belvárosba jutok. Kalapom nem volt, világos öltönyt viseltem, esőkabátot és hétköznapi viseletre szánt cipőt. Odakint -30°C volt, és villámcsapásként ért a felismerés, hogy melegebb öltözéket kell vásárolnom.

Beszálltam a taxiba és megkértem a vezetőt, hogy ajánljon egy jó torontói hotelt. Azt mondta, hogy a legjobb és a leginkább központi fekvésű a Royal York hotel.

"Rendben," - mondtam - "akkor vigyen oda." Foglalásom nem volt, de amikor a recepción érdeklődtem, fennakadás nélkül tudtak szobát biztosítani a számomra. Vasárnap este volt, 1964. december 6-a. Másnap reggel telefonálásba kezdtem az Ontario Természeti Erőforrások Minisztériumával. Elértem, hogy időpontot kapjak Art Herridre úrnál, aki az erdőgazdálkodás szakterületért felelős vezető volt Downsview-ban. Azt tanácsolta, hogy metróval utazzak a Queens Park megállóig, ahol elcsíphetek egy kormányzati autójáratot, amely minden kerek órában indul Downsview-ba. Herridre úr azt mondta, hogy fel fogja hívni a sofőrt, hogy várjon rám délután 1 órakor. Körülbelül 1:30-kor érkeztem meg Herridre úr irodájába. Az interjú talán egy fél órát vet igénybe. Herridre úr munkát ajánlott, de hozzáfűzte, hogy a hivatali ranglétra legalsó fokán kellene kezdenem. Azt válaszoltam, hogy ez nem jelent problémát. Örömmel nézek elébe, hogy munkám eredményeként feljuthassak a létra tetejére.

Erre ezt válaszolta: "Isten hozta az OTEM Erdőkészlet Nyilvántartási Osztályán." Majd elkísért az FRI részlegre és bemutatott Victor Zsillinsky-nek, aki a légi felvételek kiértékelési egységének vezető erdésze volt, és eredetileg Magyarországról származott.

Viktor nagyon előzékenyen ellátott tanácsokkal Kanadai életünkkel kapcsolatban. Felhívtuk a Bevándorlási Hivatalt és elmondtam, hogy van egy kanadai állásom, így tehát visszatérésem Skóciába tárgytalanná vált. Az bevándorlási tiszt tájékoztatott, hogy bevándorló státuszt kell kérelmeznem. "Rendben" - mondtam, "hol kell feliratkoznom?"

Azt válaszolta, hogy ez nem ilyen egyszerű, még ha van is állásom. Az igénylést abban az országban kellene benyújtanom, ahonnan származom; esetemben ez Magyarország volt.

"Nos," - válaszoltam, "Ez nehézségekbe ütközik. Körülbelül három órával a tervezett meggyilkolásom előtt hagytam el az országot. Van valami más lehetőségem?"

Néhány beszélgetést követően a bevándorlási tiszt azt ajánlotta - tekintettel az Edinburgh-i Egyetemen szerzett B.Sc. diplomámra, a tényre, hogy a feleségem angol állampolgár, valamint, hogy a fiam Skóciában született, nyújtsam be az kérelmet skót bevándorlóként. Az ügy folyományaként vissza kellett térnem Skóciába, ahol kérelmet nyújtottam be a Kanadába történő kivándorláshoz.

A Kanadai Bevándorlási Hivatal székhelye Glasgowban volt. Amikor hazaérkeztem, rögtön felszálltam egy Edinburgh-be tartó vonatra. Kitöltöttem a papírokat és részt vettem egy interjún. A bevándorlási tiszt nagyon együttműködő volt. Biztosított róla, hogy biztosan nem fogják a kérelmemet elutasítani. Orvosi vizsgálatok elvégzésére is szükség volt, beleértve a mellkasi röntgent is. Találtak egy foltot a tüdőmön, amely veszélyeztette

110

kanadai kivádolási ügyemet. Fel kellett keresnem egy specialistát, hogy tisztázza, nem tuberkulózis-e. Ez néhány hét ideges várakozást jelentett, míg megérkezett az eredmény. Végül, február elején megkaptam a bevándorlási engedélyt. Most már dolgozhattam Kanadában.

1965. február 13-án felszálltam a British Airways Prestwick, Skócia állomásról induló járatára, és Torontóba repültem. A többi utas mind skót akcentussal beszélt, csak én lógtam ki a sorból a repülőn; hivatalosan skót emigráns, magyar akcentussal. Amikor a torontói repülőtéren áthaladtam a bevándorlók számára kötelező ellenőrzésen, még a bevándorlási tiszt is skót akcentussal beszélt. Megnézte az irataimat, majd látva, hogy a nevem Hegyi (talán érdemes lett volna Mc Hegyire változtatnom), megkérdezte "Ön Glasgow-i?"

Így válaszoltam "Dehogy ember, Edinburgh-i vagyok, a Morningside városrészből." (Edinburgh-ben az angol áttelepültek többsége a Morningside városrészben élt.)

Erre így szólt "Áthaladhat." Távozás közben hallottam, amint így szólt a kollégáihoz. "Na, tudjátok, most már mindenféle népséget befogadunk."

Most tehát bevándorló voltam Kanadában, pénzügyekben pedig kezdtem hasonlítani egy alvajáróhoz. Körülbelül 3000 kanadai dollárnak megfelelő megtakarítással rendelkeztem, ennek az összegnek elégnek kellett lennie, az első fizetésem átvételéig.

Kanada nagyban különbözött azoktól a helyektől, ahol korábban éltem. Az Angliában töltött idő alatt mindig idegenként éreztem magam. Bár az emberek nagyon kedvesek,

111

segítőkészek, sőt barátságosak voltak, annak az országnak köszönhettem a taníttatásomat, mégsem éreztem úgy, hogy oda tartozom. Az, hogy skót lányt vettem el, semmit sem változtatott azon, ami történt, amikor kinyitottam a számat és kiderült a titok: külföldi vagyok. Példának okáért, amikor az emberek megtudták, hogy B.Sc. fokozatú diplomát szereztem az Edinburghi Egyetemen, a válasz általában az volt, hogy "Hát, akkor igazán jót tett magával, nem igaz? Biztos vagyok benne, hogy a legjobb értelemben gondolták, de mindig úgy éreztem, tartozik a válaszhoz egy kimondatlan rész: "egy külföldihez képest".

Brit Guyanát sohasem tekintettem az otthonomnak. Csupán három évig ott dolgoztam. Megismertem néhány kedves embert, de külföldön éltem. Kanadára úgy tekintettem, mint a lehetséges otthonomra, ahol az életem hátralévő részét szeretném eltölteni. Az 1960-as években Kanada kozmopolita ország volt, tulajdonképpen mindenki, kivéve az Első Bevándorlókat, külföldi volt; néhányan csak épp most érkeztek, míg mások néhány generációra visszatekinthettek már. A *régi országról* beszélni általános és elfogadható dolog volt. Mindenki megtehette, anélkül, hogy felcímkézték volna.

Az elején a Holiday Inn hotelben szálltam meg a Dufferin-en (a Wilson sétányhoz közel), ahonnan busszal jutottam el az irodába, amely a Downsview-n volt. Victor Zsillinszky segített találnom egy kétszobás lakást a Keele utcában (Wilsontól északra), ahonnan gyalog is el lehetett jutni az irodába.

A következő kihívás a bútorvásárlás volt. A kollégáim szerint a kanadai társadalomban fontos volt, hogy hitelt vegyünk fel. Roy Gilbert, egy nagyon segítőkész kollégám, azt javasolta, hogy a kormányzati dolgozók számára létesített áruházban, a GE MS-ben vásároljak bútort. Autóval elvitt, én kiválasztottam a kétszobás lakásba illő legszükségesebb darabokat 600$ értékben. A berendezés egy francia ágyból, egy egyszemélyes ágyból, amelyet a fiamnak választottam, a legolcsóbb konyhaasztalból, melyhez négy szék is tartozott, állt, illetve egy szófából és egy karosszékből.

Miután választottam, elmentem a hitelosztályra és kitöltöttem a hiteligénylési formanyomtatványt. Amikor a hitelügyintéző kikérdezett, elmondta, hogy nem tudja jóváhagyni, mert nincs korábbi hitelügyletem és még csak egy hete van meg az állásom. Ennek ellenére megbeszéltem vele, hogy hagyja jóvá, azzal a feltétellel, hogy ki fogom fizetni a teljes vételárat, még mielőtt a bútor kiszállításra kerül. Megerősített a felől, hogy ez az általa ismert legrendhagyóbb eljárásmód, de beleegyezett, én pedig elindultam, hogy megalapozzam kanadai bonitás-vizsgálatomat. Egy éven keresztül a fenti módszert alkalmaztam, ezt követően a hitelezési osztály értesített, hogy ettől kezdve havi minimális törlesztő részletekkel fizethetek.

A nejem és a fiam 1965. március 2-án csatlakoztak hozzám, ekkorra már sikerült a lakást stílusosan berendeznem. A munkámat eredményesen végeztem, és bár az elején feltételül kötötték ki, hogy a hivatali ranglétra legalján kezdjek, mire a területi munkaszezon júniusban elkezdődött, Sault Ste Marie erdőállományának feltérképezéséért felelős csoportvezetővé léptettek elő az Igazgatósági Egységnél. Áprilisban megkaptam a kanadai vezetői engedélyemet, így a területi munka idején Roy autójával körbe tudtam vinni a csapatot.

13 kép: Victor és én közeli barátok lettünk.

1965. december 15-én a nejem gyönyörű kislánynak adott életet, akit Jennifernek neveztünk el. Annyira izgatott lettem, amikor az orvos elmondta, hogy kislányom született, hogy a kórház márványpadlójára ejtettem a karórámat, amely így számtalan darabra tört.

14 kép: Jennifer és én

1966 elején már autót tudtunk vásárolni; egy 1964-es évjáratú Dodge-t. Ennek a járműnek megvolt az a szokása, hogy esős időben mindig lefojtódott. Az egyik délután, 4:30 körül, éppen hazafelé vezettem a munkából; a Keele utcán haladtam északi irányban. Éppen a parkolónkig vezető balra kanyarodási lehetőségnél jártam, amikor a kocsim motorja lefulladt. A mögöttem haladó vezető nagyon türelmetlen volt, folyamatosan nyomta a dudát. Mivel ez nem oldotta meg a helyzetet, kiszálltam a kocsimból és elindultam hozzá visszafelé. Ő leeresztette a kocsiablakot, én pedig így szóltam hozzá. "Elnézését kérem, uram. Az ott az én autóm. Lefulladt. Szeretném megkérdezni, hogy tudna-e segíteni nekem; oda kellene menni a kocsihoz újra beindítani, én pedig addig itt maradnék, és nyomnám a dudáját. Nos, nem vette a lapot. Egy kevéssé udvarias modorban válaszolt vissza. Észrevette, hogy bevándorló vagyok és jó néhány cifra jelzővel illetett. Ezzel egyidejűleg, amikor elkezdett olyan terminológiára váltani, amely bizonyos intim anatómiai részeket jelöl, jobbnak láttam visszamenni az autómhoz; ez szerencsémre ekkor már hajlandó volt továbbindulni.

1966 júniusában felkínáltak nekem egy állást a Kanadai Erdőszolgálatnál. Hiány volt biometriára specializálódott kutatókból, így az ajánlat feltétele az volt, hogy hajlandó vagyok visszamenni az egyetemre, doktori címet szerezni. Ez egy életre szóló lehetőség volt, amelyet örömmel elfogadtam. Az 1967-68-as egyetemi tanévben órákra jártam. A kanadai kormányzattól félhavi fizetést kaptam, illetve az első félévi vizsgák eredményére alapozva, elnyertem egy ösztöndíjat, amellyel együtt majdnem annyit kerestem, mint amennyi az átlagos kereset volt. 1968-ban teljesítettem az M.Sc. fokozat akadémiai követelményeit. Ezt követően áthelyeztek Torontóból Sault Ste Marie-ba a Nagy Tavak Erdei Kutatóközpontba.

Sikerült vásárolnunk egy szerény otthont 10,500$ értékben Sault Ste Marie-ban 1968 júniusában (mert ekkor már jól megalapozott hitelképességgel rendelkeztem). Ez számunkra egy induló otthon volt, egyszerű történet, vakolási hibákkal. Volt egy nagy konyhánk, két hálószobánk, nappalink és tartozott az épülethez egy garázs is. Lepusztult állapotban volt, sürgősen festésre szorult, és néhány javítás is esedékes volt. Úgy döntöttem, hogy én magam fogom kifesteni, szomszédom, Bert

Diboll útmutatásával, aki az út túloldalán lakott. A ház külső festése nem jelentett problémát. Nyáridő volt, csupán rövidnadrágot viseltem, amelyet a különböző színű falfestékek, amelyeket a ház oldalfalaira terveztem felvinni, tettek feltűnővé. A testemet is festék borította, és a nyomok terpentinnel való eltávolítása nehezebbnek bizonyult, mint azt eredetileg gondoltam.

A szobákat is kifestettem, és ekkorra már megtanultam a festék nagyobb részét a falra kenni, nem pedig magamra. Csupán egyetlen kis baleset ért, amikor a létráról lefelé jövet a festéktálcára léptem. Még ez is rendben lehetett volna, ha nem teszek két további lépést a szőnyegen, mielőtt elérem az újságpapírt, amit az egész folyosó lefedésére szántunk.

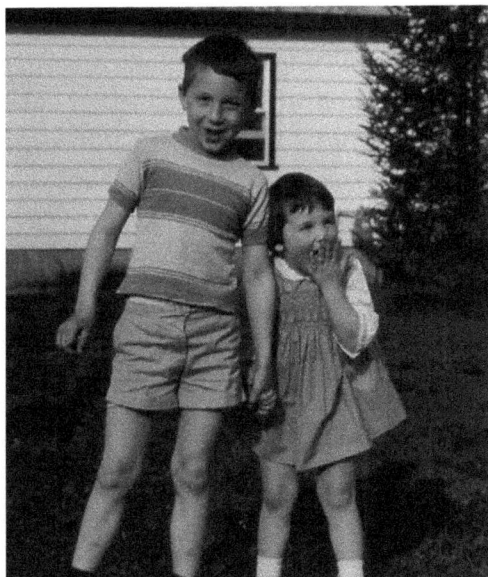

15 kép: Michael és Jennifer az udvaron.

117

Első otthonunkhoz egy nagy fűvel borított kert is tartozott, amely a gyerekek számára remek játszótér volt. Még kis zöldséges kertet is csináltam, ahol salátát, paradicsomot, sárgarépát és krumplit termesztettünk. A gyerekek sokkal jobban örültek a kertes háznak, mint torontói lakásunknak. Összebarátkoztak a szomszéd gyerekekkel, délutánonként és esténként kedvelt időtöltésként baseball-t játszottak az udvaron.

1968 őszén Audrey labor technikusi munkát kapott a Nagy Tavak Erdőkutatási Központban. Ez életünk fordulópontjává lett. Közte és főnöke, Michael Larsen között, kapcsolat alakult ki. Ennek eredményeként családi életünk a tél és 1969 folyamán bonyolulttá vált.

Én az M.Sc. fokozatú diplomámat írtam 1969 tavaszán, és ugyanazon év júniusában végeztem. Mr. Bud Smithers, a Nagy Tavak Kutatóközpont főigazgatója, aki engem a Szövetségi Polgári Szolgálathoz felvett, továbbtanulási lehetőséget ajánlott nekem a British Columbia Egyetemen Vancouverben, hogy doktori címet szerezzek komputer szimulációs modellezésből. Júliusban ellátogattam az egyetemre, ahol arról tájékoztattak, hogy a jegyeimre, illetve a Torontói Egyetemen szerzett diplomamunkámra való tekintettel, fel vagyok véve. Jó esélyem volt, hogy ösztöndíjat szerezzek, mellyel kiegészíthettem volna a Kutatóintézet által felajánlott fél fizetést.

Amikor Vancouverből visszatértem, Audrey elmondta, hogy Michael Larsen elhagyta a feleségét és három gyermeküket. Kibérelt egy vidéki házat és arra kérte, hogy költözzön vele. Az ezt követő beszélgetések nagyon nehezek voltak, különös tekintettel a két kicsi gyerekre, és posztgraduális

118

egyetemi terveimre. Audrey hetente két-három estét töltött Larsennel, míg én a gyerekekre vigyáztam otthon, és megpróbáltam egyenesbe jönni a családi krízishelyzettel. Egy este, miután a gyerekek lefeküdtek, bementem a hálószobájukba és hosszan figyeltem, amint ártatlanul pihennek, mit sem sejtve arról, hogy mi történik kis életükben.

Körülbelül egy óra hosszáig sírtam teljesen kétségbe eséssel, fogalmam sem volt róla mit tegyek. Amikor Audrey aznap este hazajött, tájékoztatott döntéséről, miszerint Larsenhez költözik. A helyzetben volt némi komplikáció, mégpedig, hogy a házuk vidéken volt és nem volt benne elég hely, hogy a gyerekeket magával vihesse. Kaptam az alkalmon és kijelentettem, hogy a gyerekek velem maradnak. Majd én gondoskodom az iskoláztatásukról, a szünidőket pedig nála tölthetik.

Másnap találkoztam Bud Smithers-szel és tájékoztattam a családi helyzetünkről. Elmondtam, hogy úgy döntöttem, én gondoskodom a gyerekekről, tehát vissza kell utasítanom ajánlatát a PhD tanulmányok támogatását illetőleg. Bud odaadó családapa volt, könnyes szemmel átölelt és elmondta, hogy a helyemben ő is így döntött volna.

Audrey 1969 augusztusában elköltözött, hogy Larsennel folytassa az életét, én pedig egyedülálló szülőként új életet kezdtem. Mivel a válási procedúra 1969 szeptemberében kezdődött, a Gyermeksegítő Szolgálat vigyázó szemei őrizték minden lépésemet. Végülis, 1969-ben szokatlan dolog volt, hogy egy egyedülálló apa indul harcba a két kisgyermek elhelyezéséért. Számtalan alkalommal érkeztek a

Gyermeksegítőtől fehérkesztyűs alkalmazottak, hogy ellenőrizzék, portalanítják-e a bútorokat. Hajnali 4-kor keltem, hogy kitakarítsam a házat, felsúroltam a padlót és felkészítettem a gyermekeket a bébiszitter, Jean Diboll asszony érkezésére, aki velünk átellenben lakott. Munka után vacsorát készítettem és játszottam a gyerekekkel. Miután lefeküdtek, elvégeztem az olyan házimunkákat, mint a mosás és a mosogatás.1969 Karácsonya előtt nemsokkal, áthoztam a szüleimet Magyarországról, hogy segítsenek a gyerekek nevelésében.

A szüleim csak magyarul beszéltek, ezért nagyon ideges voltam a kihívások miatt, amelyekkel szembe kellett nézniük, amikor Frankfurtban át kellett szállniuk a Torontóba tartó járatra. Amikor megérkezett Sault Ste Marie-ba, megkérdeztem anyámtól, hogyan tudták mikor kell a kapun átmenniük. Elmesélte, hogy csak megnézték a jegyet, amin rajta volt melyik légitársasággal repülnek, majd körülbelül egy órával a beszállás előtt odasétáltak egy a légitársaság pultjához, és elkezdett sírni. Egy utaskísérő érkezett, teával kínálta őket, és odafigyelt rájuk, míg eljött az átszállás ideje. Ezt követően valaki a megfelelő kapuhoz, majd beszálláskor a repülőhöz kísérte őket.

16 kép: A szüleim a gyerekekkel

Miután a Családsegítő Szolgálat munkatársa találkozott az édesanyámmal, többé nem jött vissza ellenőrzést tartani. Végülis ekkor már nő is élt a háztartásban. Érdekes lehet megjegyezni, hogy anyám, aki egy kis magyarországi faluból származott, otthonában mindössze döngölt padló és kültéri WC volt, és folyóvíz sem állt rendelkezésre. Nem volt olyan szintű higiéniához szokva, mint amilyen nálunk volt, de ő megfelelt a Gyermekjóléti Szolgálat munkatársa elvárásainak a gyerekek gondozása tekintetében: nő volt! És természetesen én nem panaszkodtam. Hálás voltam a lehetőségért, hogy a Szolgálat meglepetés látogatásai nélkül törődhettem a gyerekekkel.

A válásom lezárására 1970 januárjában került sor. Audrey nem jelent meg a meghallgatásokon, én kaptam meg a gyermekek teljes felügyeletének jogát. Ennek ellenére elmondtam neki, hogy tiszteletben tartom korábbi megállapodásunkat, miszerint a gyerekek a szünidőt nála töltik.

Egyedülálló szülőként beléptem az Egyedülálló Szülők

121

Klubjába, és elkezdtem Michaelt és Jennifert gyerekprogramokra vinni; bowlingra, szülinapi zsúrokra. 1969 novemberében megismertem Rose McKinnon-t, akinek volt egy hétéves fia, Randy. Rengeteg programot szerveztünk együtt. A gyerekek jól kijöttek egymással, ahogy mi is. Sőt én lettem az Egyedülálló Szülők Klubjának elnöke.

Rose és én az élet számos kulcsfontosságú területén azonos értékeket vallottunk. Mindketten szem előtt tartottuk gyermekeink boldogságát és fontosnak barátságunkat, amelynek alapja a szívélyesség és egymás támogatása volt. Január közepe táján Rose elhívott az egyik unokatestvérének esküvőjére az angelikán templomba. A szertartás alatt, elkezdtem gondolkozni azon, hogy mi lenne, ha Rose és én egy pár lennénk. Ami köztünk volt hasonlított a szüleim kapcsolatához, vasárnaponként együtt jártunk templomba és békés életet éltünk. Az angelikán pap melegszívűsége, amelyet a családi élet irányába mutatott, nagy benyomást tett rám. A megértés egy olyan fajtáját mutattam, ami a tapasztalaton nyugodott.

A ceremónia után Rose és én a gyermekek vallásos életbe való bevezetésének társadalmi szükségességéről beszélgettünk. Bár mindketten megkeresztelt és bérmálkozott római katolikusok voltunk, néhány személyes ok miatt egyikünk sem házasodott korábban a római katolikus egyházban. Rose első házassága az angelikán egyházban valósult meg. Én presbiteriánus felekezetben nősültem. Mindketten elkezdtük próbára tenni a hitvallásunkat, hogy kiderüljön, melyik a legalkalmasabb arra, hogy a gyermekünk nevelését hozzáigazítsuk. A presbiteriánus templomban az egyik mise után összeismerkedtünk Peter McKeage tiszteletessel, aki szimpatizált a helyzetünkkel; két elvált, egyedülálló szülő, akik egymást a gyermeknevelésben támogatják. Péter nős volt, és volt három gyermeke abban a korosztályban, amelybe a mi három gyerekünk is tartozott.

Elkezdtünk rendszeresen a presbiteriánus felekezetbe járni, és a gyermekeket beirattuk a vasárnapi iskolába. Még a vasárnapi iskola önkéntes segítője is lettem. Péterrel folytatott néhány beszélgetést követően, megbízatást kaptam tőle, hogy vallásos filozófiát oktassak a haladó csoportnak; a vallás eredete és a más vallások megértése témában. Rengeteg kutatómunkát végeztem a különböző vallások hitvallását illetően, rengeteg jó dolgot láttam bennük, de egyidejűleg azt is felfedeztem, hogy gyakran saját hasznukra hajtanak. Az én megközelítésem a haladó csoport oktatását illetően a vallásos meggyőződés és életvitel pozitív oldalára összpontosított.

Rose és köztem fokozatosan, óvatos optimizmussal kapcsolat alakult ki. Megegyeztünk, hogy együttélésünk előfeltételéül azt vesszük tekintetbe, hogy a gyermekek hogyan jönnek ki egymással, illetve, hogy családként kellemes egységet tudunk-e alkotni. Elhatároztuk, hogy kísérletezni fogunk, a gyerekeknek különböző alkalmakat adunk arra, hogy kapcsolatba lépjenek velünk és egymással különböző helyzetekben. Péntek éjszaka, Randy nálam fog éjszakázni, szombaton pedig Michael és Jennifer alszanak Rose lakásában. Jennifer számára ez egy kicsit zavarba ejtő volt, és megkérdezte, hogy mért nem én töltöm az éjszakát Rose-nál, vagy Rose nálam. Elmagyaráztam neki, hogy erre csak akkor kerülhetne sor, ha összeházasodnánk. .

A barátságunk szerelemmé növekedett. Elhatároztuk, hogy összeházasodunk, feltéve, ha a gyermekeink is egyetértenek. Először én beszélgettem erről Michaellel és Jenniferrel; nekik tetszett az ötlet. Rose is megkapta Randy hozzájárulását. Leültünk együtt és beszélgettünk jövendő új életünkről. Peter McKeage tiszteletes segítségével egy nagyon családias esküvőt terveztünk 1970. június 30-ára, amelyen csak a közvetlen családtagok és a közeli barátaink vettek részt. Szomszédom, Bill Kidd volt a násznagy, és Rose barátnője, Mildred Bebee volt a tanú. Rose gyönyörű fehér frakkot vásárolt Jennifer részére, a fiúk pedig az öltönyükhöz fehér inget és nyakkendőt viseltek.

Michael és Jennifer vezettek fel bennünket sorok között, és Randy adta férjhez az anyukáját. Péter csodálatosan vezényelte le a szertartást, amely a gyermekeink iránti elkötelezettségünkön, valamint a két család meleg és családias környezetté való egyesítése iránti vágyunkon alapult. Amikor kifelé jöttünk a templomból a ceremóniát követően, legtöbbünk még csendesen, könnyes szemekkel sétált. A csendet Jennifer törte meg, amikor hangosan így szólt: "Ó Istenem, Rose. Most már együttalhatsz apával, mert házas vagy." Ez nagy nevetést váltott ki, még a szokatlanul komoly Peter McKeage tiszteletesből is!

17 kép: Házasságkötésem Rose-zal, a gyerekek is jelen vannak.

1970 júliusának elején édesanyám visszatért Magyarországra (édesapám már ezt megelőzően, márciusban hazautazott). Rose és én elvittük a gyerekeket egy Chaplaeu-i vidéki házba két hétre. Én éppen egy területi munkát végeztem ott, egy erdő tápanyag-utánpótlási kísérleti projekt keretében. A gyerekek igazán jól érezték magukat a szabadban és a tóban úszkálva. Augusztusban Jennifer és Michael meglátogatták az édesanyjukat, szeptemberben pedig mindkét gyermek elkezdett iskolába járni; mindketten ugyanabba az intézménybe, amely csupán egy sétányi távolságra volt a házunktól.

1971 nyarán súlyosan megbetegedtem. Úgy éreztem magam, mintha gerincsérvem lenne. A hátfájásom annyira nagy intenzitású volt, hogy csak két bot segítségével tudtam járni. Dr. White a Sault Ste Marie Egészségügyi Központban Marie-Strumpell spondilítiszt állapított meg - másik ismeretes nevén spondilítisz ankilopoetikát (Brechterew-kór). Felrajzolt egy diagrammot a gerincről és a medencecsontokról, hogy megmutassa, hogy a megbetegedés hol hozza gyulladásba a csontokat. Dr. White képeket is mutatott nekem, akiknél hajlott hát alakult ki a gerinc gyulladása következtében, és kijelentette, hogy tanácsos volna erre a lehetőségre felkészülni. Arról is tájékoztatott, hogy egy éven belül akár tolószékbe is kerülhetek, ami a betegség legrosszabb kimenetele. Dr. White indocidot (indometacint) írt fel, amely a gyógyszerek ún. *nem sztereoid gyulladáscsökkentők* csoportjába tartozik. Napi három tablettát szedtem, rendszeresen fizioterápiára jártam, és a két bot segítségével el tudtam sétálni az autóig, Rose pedig elvitt a munkahelyemre.

Amint a dolgok kezdtek jobban haladni, az élet új válsághelyzet elé állított. Ebben az időben már szakértője lettem a képességnek, hogyan lehet válságos élethelyzetekben az új lehetőséget felismerni. Először túléltem, hogy el kellett hagynom a hazámat, majd sikerült Nyugaton képesítést szereznem. Aztán, amikor túléltem a dzsungelt és a zavargásokat Dél-Amerikában. A válás nyomasztó élmény volt, de megtanított a szülői feladat fontosságára, valamint arra, hogy a gyermekekkel való törődés nem háztartási munka, hanem egy csodálatos kiváltság. Jelenleg éppen egy egészségügyi válságot éltem át, annak a lehetőségét, hogy többé nem fogok tudni járni.

Hogy felkészüljek egy kerekesszékben tölthető életre, egyre nagyobb mértékben kezdtem foglalkozni a számítógépes programozással. Szembe kellett néznem a ténnyel, hogy talán többé nem leszek képes területi munkára. Szerencsémre, a tudományos fokozatom megszerzése idején számítástechnikával is foglalkoztam, tehát rendelkeztem az alapokkal, amire építeni lehetett. Kutatómunkámban a hangsúly más területre helyeződött át, elkezdtem számítástechnikai programmodelleket építeni, amelyek segítségével leképezhettük a fák és erdőállományok növekedését. A munka során a FORTRAN és az APL programnyelveket használtam.

Az inocid használatával fokozatosan javult az izületeimen a gyulladás, és a járás csupán kisebb mértékű fájdalommal járt, amíg odafigyeltem a diétámra és bevettem a gyógyszeremet. Elhatároztam, hogy legyűröm ezt az új akadályt és új tudományt kezdtem tanulmányozni: a szellem hatalmát az anyag fölött. Úgy láttam, hogy ez a pozitív hozzáállás legalább annyira segített eme új szerzetű hendikep során, mint a receptre felírt orvosság. Rengeteget jártam fizioterápiára és fokozatosan képessé váltam rá, hogy bot nélkül járjak.

A komputer-szimulációs kutatómunka szerzett számomra némi elismerést a számítógép forgalmazók között. Az IBM sok támogatást nyújtott a munkámhoz azzal, hogy hozzáférést biztosított számomra a torontói időmegosztásos rendszerhez, amelyhez egy távoli terminál segítségével kapcsolódtam a telefonon keresztül. Ian Sharpe, az I.P. Sharp Associates ügyvezető igazgatója, az APL számítógép-programozási nyelv forgalmazója, meghívott, hogy készítsem el nagy számítógépükön az APL felhasználásával saját szimulációs modellemet. Felkerestem őket torontói székhelyükön, és miután meggyőződtem ennek az új programozási nyelvnek a lehetséges előnyeiről, beleegyeztem, hogy kipróbálom. Egy nagyfokú segítőkész hangulatban három hónapos időtartamra ingyenes hozzáférést kaptam, illetve kölcsönkaptam egy komputerterminált, amely úgy nézett ki, mint egy közepes méretű bőrönd. Mindössze billentyűzet, elektronikai alkotóelemek és kábelek álltak rendelkezésre, és a televízióhoz kellett kapcsolni, amely monitorként működött.

Amikor megpróbáltam felvinni a repülőgépre, a reptéri személyzet rengeteg időt töltött az átvizsgálásával, de végül engedélyezték a beszállást. Én voltam az utolsó, akit felengedtek a gépre, már csak egy folyosóülés maradt üresen. Sikerült a számítógép-terminált az előttem lévő ülés alá berakni, majd köszöntem a hölgynek, aki a mellettem lévő ablakülésnél ült. Felszállás után elkezdtünk beszélgetni, ő pedig megkérdezte, hogy mi volt az a szokatlan kofferkinézetű dolog. Büszkén válaszoltam: egy számítógép terminál. Részletesen elmondtam neki, hogy kutató tudós vagyok, illetve hogy mi a tervem a terminállal. Úgy tűnt, mindez nagy benyomást tett rá. Majd én is megkérdeztem, hogy mi a munkája. Elmondta, hogy író. Éppen most fejezte be "A halálról és a haldoklásról" című könyvét, amely olyan betegekkel folytatott interjúkat tartalmazott, akiknél halálos kimenetelű betegséget diagnosztizáltak. Megjegyeztem, hogy egy ilyen témájú könyvet írni nagyon bátor vállalkozás.

Akkor elmosolyodott és hozzátette "Valójában, orvosnő is vagyok." Érdekelt a téma, így egy tartalmas beszélgetésbe bonyolódtunk az emberek reakcióit illetően egy ilyen élethelyzetben. Elmondta, hogy a betegek öt stádiumon esnek át, miután halálos megbetegedésükről értesültek:

Tagadás és izoláció: "én nem, ez nem lehet igaz"

Harag: "mért én?"

Egyezkedés: "igen, én..de"

Depresszió: "igen, én"

Elfogadás: "rendben van".

Hozzátettem, hogy bár nagyra értékelem kutatási eredményeit, személyes tapasztalatból őszintén állíthatom, hogy néha a halál is lehet szívesen látott alternatíva, amennyiben az élet elviselhetetlenné vált. Ebben az esetben az öt-stádium-elmélet nem fedi le az érzelmi állapotok teljes spektrumát. Nem az a kérdés, hogy az ember elfogadja-e vagy sem a halál tényét. Az is előfordulhat, hogy valaki vissza akarj utasítani az életet. Ezt az érzést én is megtapasztaltam, amikor átkúsztam a határövezeten, ahol feltételezhetően a földfelszín alá aknákat rejtettek.

Elmondta, hogy nagyra értékeli a kutatási anyagához fűzött kiegészítésemet. Aztán bemutatkozott: Elizabeth Kübler Ross. Mivel én abban az időben kizárólag műszaki témájú könyveket olvastam, a neve nem volt ismerős a számomra. Meghívott előadására, amelyet aznap este a Plummer Kórházban tartott; adott egy névjegykártyát, és hozzátette, hogy ennek a segítségével be tudok jutni a rendezvényre.

Rose autóval jött elém a Sault Ste Marie-i repülőtérre. Felajánlottuk Elizabeth-nek, hogy elvisszük a hotelbe, amelyben megszáll. Vacsora után úgy döntöttem, hogy elmegyek az előadásra. Elizabeth már elkezdte a beszédét, amikor megpróbáltam feltűnés nélkül beosonni a nagy előadóterem hátsó részébe. Elizabeth meglátott, megszakította előadását, és így szólt "Hello Frank, annyira örülök, hogy elfogadta a meghívásomat, hogy meghallgassa az előadást."

Ebben a pillanatban mindenki úgy tekintett rám, mintha egy fontos személy lennék. Az előadás folyamán Elizabeth arról az öt stádiumról beszélt, amelyekkel a páciensek szembenéznek, amikor arról értesülnek, hogy halálos betegek. Elmondta, hogy klinikai kutatómunkája során ezek az állapotok állandóan beigazolódtak, bár amikor Sault Ste Marie-ba érkezett találkozott a repülőgépen egy úriemberrel, aki megkérdőjelezte ezt az ötfázisú koncepciót.

"Frank Hegyi, aki szintén a hallgatóság között van, azt állította, hogy az eredményeim nem teljesek. Létezik még egy állapot, amelynek lényegi kérdése nem a halál elfogadása, hanem inkább az élet visszautasítása."

Valószínűleg legalább tíz árnyalattal elvörösödött az arcom, amikor az emberek felém fordultak. Az előadás után lehetőséget kaptam rá, hogy beszéljek Elizabeth-tel. Elnézést kértem tőle, hogy nem ismertem fel. Nevetett és megajándékozott dedikált könyvének egy másolatával. Másnap korán reggel elhagyta a várost. Repülőgépe reggel 6 órakor indult Sault Ste Marie-ból Michiganbe. Felajánlottam, hogy kiviszem a reptérre; ő beleegyezett. Később elolvastam a könyvét, sőt még karácsonyi üdvözlőlapot is küldtünk egymásnak a rákövetkező néhány évben.

Élveztem területi erdészből kutatási tevékenységet végző tudóssá történő átalakulásomat, és meglehetősen sikeres lettem a komputer szimulációs modellek fejlesztésében. A kutatómunkát végző tudósoktól elvárták, hogy bizonyos magazinokban publikáljanak, ezért elkezdtem munkám eredményeit közzétenni.

1973-ban a figyelmem áttereléődött a központi számítógépekhez való időmegosztásos csatlakozásra.

Beszereztem egy legmodernebb technikai színvonalat képviselő számítógép-terminált és így vonalkapcsolásos csatlakozással Sault Ste Marie-ból mindkét torontói központi géphez, az IBM-hez és az IP Sharphoz is hozzáfértem. Az IBM ügyfélszolgálati képviselője bátorított, hogy mutassam meg ezt az új technológiát más tudósoknak is. A Cambrian College-nak volt egy modern előadóterme, amelyben négy televízió lógott alá a mennyezetről, és kábel összeköttetésben állt egy központi ellátó egységgel. Sikerült összekötnöm a számítógép terminálomat ezzel a központi egységgel, és ezzel lehetővé vált, hogy a szimulációs modellem kimeneti adatai megjelenjenek a TV képernyőkön. A sault ste marie-i tudósok mellé a Kutatóközpont más kutatóközpontokból és egyetemekről is meghívott néhány szakembert.

Egy kicsit nyugtalanná váltam, amikor megmutatták a pozitív visszajelzést adó résztvevők listáját. Olyan nevek jelezték megjelenési szándékukat, mint Dr. Earl Stone, az Erdő Tudomány Magazin szerkesztője, Dr. Al Leaf, a Syracuse Egyetem professzora, Dr. Terry Honer, a Victoria B.C.-ben található Kanadai Erdőszolgálat Komputer szimulációs Programjának menedzsere, és Denis Glew, az Erdőtervezés a B.C. Erdőszolgálattal Komputer szimulációs Program vezetője. Ian Sharpe és az IBM volt a bemutató előtti esti rendezvény házigazdája, én pedig, ahogy hallgattam ezeknek a magas rangú embereknek az elvárásait, csak egyre idegesebbé lettem. Néhány bedobott erős ital után ismét kibékültem a sorsommal, megértve hogy holnap vagy ünnepelt tudóssá leszek, vagy elkezdhetek új állás után nézni.

131

Másnap reggel én és a csapatom tartottunk egy gyors főpróbát. Az előadás elkezdődött. A háttérben a bemutató alatt klasszikus zenét játszottunk. A feltárcsázási folyamatot *Khachaturian Kardtánc* című műve kísérte, és amikor a kapcsolat létrejött a zene átváltott *Brahms Magyar táncok No. 5.* című zongoraművére. A zene aztán a bemutató ideje alatt fokozatosan elhalkult.

A programhoz tartozott azoknak a kritériumoknak a megfogalmazása is, melyeket az egyes erdőfajták vonatkozásában létrehoztunk (a modell számára kiválasztott fajta Banks-fenyő volt); a fák hektáronkénti mennyisége, teljesítményindexek, és időkeret. A modell öt éves intervallumon mutatta be az állomány jellemzőinek összegzését, beleértve a mellmagasságban mért átlagos átmérő nagyságát, az alapterületet, a fák és az értékesíthető faalapanyag hektáronkénti mennyiségét. Ezen felül a modell minden intervallumban egy sematikus diagrammal illusztrálta az állomány szerkezetét, amely komputeren szemléltette a fák ültetését.

A bemutató egy óra hosszú volt; a hallgatóság pedig lehetőséget kapott a modell működési feltételeinek módosítására, és az az ennek megfelelő eredmények tényleges megjelenítésére. *A bemutató végén Händel Messiásának Alleluja kórusrészletét használtuk jelzésképpen, hogy a bemutató az elvárásoknak megfelelően teljes volt.*

Ezen a ponton elkezdtem magam jól érezni Kanadában, mint az új otthonomban és az engem befogadó országban. Nagyon szerencsés voltam, hogy a "szellem az anyag fölött" hozzá állásom segítségével teljességében visszanyertem mobilitásomat, és a diétával, valamint a rendszeres tornával úrrá tudtam lenni az izületi gyulladásomon.

A Kiwanis-szal is szoros kapcsolatba kerültem, és megválasztottak a Pacific North West elnökévé.

18 kép: Rose és én a Kiwanis egy megbeszélésén elnökké választásomat követően

Visszatérés a szülőföldemre

A szüleim sürgettek, hogy látogassuk meg őket Magyarországon. Néhányan azok közül, akik 1956-ban hagyták el az országot, már visszatértek, hogy meglátogassák rokonaikat, majd szabadon visszatérhettek az őket befogadó országba. Úgy döntöttem, hogy én is haza akarok látogatni.

Amikor Budapesten leszállt a gépünk, körös-körül gépfegyvereket viselő katonákat láttunk, mind a repülőgép, mind a reptér területén; ez meggondolásra indított, már nem voltam benne biztos, hogy akarom ezt a látogatást. A húgom, Annuska és a férje, Tibor, a repülőtéren vártak ránk, de első látásra nem ismertem meg őt. Tizenegy éves volt, amikor elhagytam Magyarországot. Azóta csak néhány fényképet láttam róla.

Amikor kijöttünk a fegyveres katonák által ellenőrzött területről, egy fiatal hölgy bámult rám. Néhány perc elteltével átsétált hozzám és így szólt: "A Kanadából három gyerekkel érkező bátyámra várok. Mivel maga az egyetlen az érkezők között, aki három gyerekkel utazik, valószínűleg Ön a bátyám."

Elejtettünk néhány könnyet, majd ismét összeszedtük magunkat, mielőtt bemutattuk a családot. Elhatároztuk, hogy megiszunk egy kávét és megbeszéljük az útitervet. A gyerekek örültek, amikor észrevették, hogy a Coca-Cola Magyarországon is kedvelt üdítő és a desszertek különösen édesek. A kanadai utazásközvetítő segítségével béreltem egy autót, és Rose meg én is beszereztünk egy-egy nemzetközi vezetői engedélyt. Miközben a család a frissítőt fogyasztotta, Tibor, a sógorom és én

135

elmentünk, hogy átvegyük a bérautót.

Amikor visszatértünk Rose és Annuska nevetgéltek. Úgy tűnt, remek beszélgetésben van részük, bár csak alig néhány szót értettek a párbeszédből.

Délután 3 óra után indultunk el a repülőtérről Budapesten át, hogy a falunkba, Nyögérre autózzunk. A sógorom az unokatestvéremtől kölcsönkért autót vezette, én a bérautóval mögötte haladtam. Egy orosz autótípus volt, egy Fiat modell, amelyet Zsigulinak neveztek; egy standard meghajtású. Ezzel az autóval közlekedni Budapesten a főidőben, meglehetős kihívás volt. A szüleim falujáig vezető út körülbelül öt óra hosszat vett igénybe. Majdnem este 8 óra volt, mire odaértünk a házhoz, amelyben születtem. Minden sokat változott. A kapunk tényleg hiányzott. Ezt a gondolatomat a húgom annyira viccesnek találta, hogy szinte mindenkinek elmesélte a faluban.

Nyögéren sok rokonunk élt, hajnali kettőig folyamatosan érkeztek, hogy üdvözöljenek és megigyanak velem egy pálinkát. A rokonaim egyfolytában arról kérdezősködtek, hogy sokkal jobbak-e az életkörülmények Kanadában. Nagyon körültekintőnek kellett lennem, hogy erre a kérdésre ne válaszoljak. Másnap reggel megpróbáltuk kialudni magunkat, de a szomszédok már reggel 5 órakor beugrottak egy koccintásra - ismét pálinkával. Én természetesen csak egy pohár tejjel köszöntöttem őket, hozzátéve, hogy később még vezetnem kell. Ezt megértették, mert Magyarországon az autóvezetők számára a zéró tolerancia elve volt érvényben az alkoholfogyasztás tekintetében.

A reggelt azzal töltöttük, hogy bejártuk a gyümölcsöst és a szőlőültetvényt a hátsóudvarban és az 1956 előtti életről beszélgettünk. Ebéd után a legközelebbi városba, Sárvárra autóztunk, ahol középiskolába jártam. A megérkezésünket követő huszonnégy órán belül be kellett jelentkeznünk a legközelebbi rendőr állomáson. Sőt még ezután is, ha olyan látogatást tettünk valahol, amely huszonnégy óránál több időt vett igénybe, be kellett jelentenünk a legközelebbi rendőrőrsön. Miután elvégeztük a rendőrségi bejelentkezést, sétáltunk egyet Sárváron, hogy megnézzük, mennyit változtak a dolgok. Felkerestem régi középiskolámat is. Két egykori tanárom még ott tanított. Elmesélték, hogy az osztályból négy diák menekült külföldre a forradalom idején.

A rokonaim meglátogatása nagyon érdekes volt. Tizennyolc éves voltam, amikor elhagytam Magyarországot. Ez tizennyolc évvel ezelőtt volt. Az emberek és a táj egyaránt megváltozott, mégpedig olyan mértékben, hogy idegenként éreztem magam a saját szülőhazámban. A beszélt nyelv is annyit változott, hogy amint megszólaltam, kiderült, hogy *külföldi* vagyok. Állandóan azt kérdezgették, hogy melyik országból származom. Ezt elég különös fogadtatásnak találtam, leginkább, mert magyar honfitársaimtól tapasztaltam a szülőhazámban.

Az unokatestvéreim, akikkel fiatalkoromban játszani szoktam, annyira megváltoztak, hogy arcuk láttán sem jutott eszembe a nevük, ami zavarba ejtő volt. Egyértelműen előnyben voltak velem szemben, mivel tudták, hogy én ki vagyok. A húgom nem volt túl nagy segítség. Ő valójában élvezettel figyelt engem, miközben a rokonaim kérdezgettek "Emlékszel a nevemre?"

Ahelyett, hogy odasúgta volna nekem a kérdező nevét, megismételte a kérdést "Na, emlékszel a nevére?"

Mégis igen nosztalgikusnak találtam a találkozást a rokonokkal, különösen anyai ágon. Különösen érdekesnek találtam a társadalmi dimenziók változását az elmúlt tizennyolc év folyamán. Az 1940-es évek végén a családom apai ága a nagybirtokosokhoz tartozónak tekintette magát, az anyai ági oldalt lenézték *béres* volta miatt, mert csak alig néhány hektáros földterületet műveltek; és azt is leginkább tehenekkel és ökrökkel, nem lovakkal.

A kommunizmus idején a családapa ága ellenállt a változásoknak és ennek a magatartásnak a következményeként elszegényedett. Továbbra is döngölt padlós házakban laktak, nem volt csatornázás és folyóvíz sem, a kültéri WC-ben pedig újságpapírt használtak felhasználóbarát WC-papír helyett. Másrészről, az anyai ági rokonok szakmunkások lettek. Képesek lettek csatornázott, fapadlós, modern eszközökkel - beleértve a televíziót is - felszerelt téglaházak építésére.

A hazalátogatás legkiábrándítóbb része az az észrevétel volt az apai ági rokonaink részéről, hogy azoknak, akik közülünk Nyugaton élnek a pénze fán terem. A húgom különösen hitt ebben. Amint rájött, hogy szándékunkban áll Magyarországra látogatni, küldött egy ajándéklistát, hogy mit hozzunk magunkkal. Ezeknek az ajándékoknak az értéke elérhette volna a repülőutunk költségét, ha mindent megvásároltunk volna.

Miközben otthon voltunk, sohasem szalasztott el akár egyetlen alkalmat, hogy tudassa, mások mit kaptak Amerikában élő rokonaiktól. Még azt is kikutatta, hogyan tudnék a férjének, Tibornak az IBUSZ nevű nemzetközi utazási iroda segítségével egy autót küldeni. Tibornak volt jogosítványa (buszsofőr volt), így a környéken ő autózott körbe a szüleimmel. Valójában a húgom azzal érvelt, hogy az autó nem annyira az ő családja számára lenne, hanem a szüleim számára, tehát komolyan el kellene gondolkodnom az ötleten. Ezzel tartozom a szüleimnek. Egyre nőtt a csalódottságom az erős nyomás miatt, amelynek a húgom által ki voltam téve, arra vonatkozólag, hogy mennyi pénzt és ajándékot kellene neki adnom.

Egy szombat délután, megkérdeztem a húgomat és a férjét, hogy elfogadnák-e a vacsora meghívásunkat egy kellemes sárvári étterembe, ahol cigányzenét is hallgathatnánk. Lelkesen elfogadta a meghívást. Az étteremben ültünk, amikor megmondtam Annuskának, hogy én fogom rendelni az ételeket. Végülis még beszélek magyarul. Megállapodtunk, hogy mindnyájan ugyanazt az ételt fogyasztjuk, egy valódi hagyományos ínyencfogást, amelynek "Gypsy steak", vagyis cigánypecsenye a neve, és amely hagymás, fűszeres sült pecsenyéből állt, melyet úgy készítettek, ahogyan a cigányok szokták a karaván mellett: nyílt tűz felett. Egy nagyon ízletes étel. A zenekar vezetője, akit Prímásnak hívtak, odajött az asztalunkhoz; nagyvonalú borravalóra számított a külfölditől. Belevágtam az ételrendelésbe. Amikor megpróbáltam kimondani magyarul az étel nevét, a pincér nem hallotta meg. Felemeltem a hangom, és megismételtem a kérést. A dolgok kedvezőtlen egybeesése folytán, amikor hangosan az étel nevét kiáltottam, a Prímás éppen egy pillanatnyi szünetet tartott. Így mindenki hallhatta, hogy mit rendeltem. Amint kimondtam az étel nevét, tudtam, hogy hibáztam. Összetévesztettem egy hasonló hangzású szóval.

Magyarul azt kellett volna mondanom "cigánypecsenye". Sajnálatos módon azonban így szóltam: "Cigány pöcse". Nos, a cigány a Gypsy magyar megfelelője, a pecsenye a steak szót írja le, de a "pöcs" szó a férfi nemi szervére utal. Rögtön kijavítottam magam.

A Prímásnak jó volt a humorérzéke. Amint kimondtam a helyes szót, így válaszolt "Hála Istennek". Erre mindenki határtalan nevetésben tort ki. A húgom különös élvezetet talált ebben, és a következő naptól kezdve az egész falu értesült róla, micsoda anyanyelvi mészárlást követtem el.

19 kép: Magyarországi rokonaim meglátogatása.

20 kép: Randy, Jennifer és Michael házi kedvenceikkel.

21 kép: A szüleim az unokáikkal.

141

Egy nap elhatároztam, hogy beugrok a sárvári Erdőkutatási Intézetbe. Az intézmény igazgatóhelyettese, Dr. Halupa Lajos, szívélyes fogadtatásban részesített. Olvasta a szimulációs modellről írt cikkemet és örömmel hallott többet erről a témáról. Megkérdezte, hogy készítenék-e egy prezentációt a kutatómunkámról az intézmény néhány dolgozója részére. Beleegyeztem és szerveztünk egy találkozót a következő hétre, hogy legyen elég időm az előkészületekre.

Az intézmény vezetői termének ablaka egy parkra nézett. A park túloldalán a középiskolám régi épületét láthattam. Amikor a megbeszélés elkezdődött, Dr. Halupa magyar nyelven, a kanadából idelátogató Hegyi úrként mutatott be a többieknek, aki a résztvevők szerencséjére beszél magyarul. Amint kifelé bámultam az ablakon és láthattam a néhai középiskolám épületét. Hirtelen úgy éreztem, hogy elszakadok a szülőhazámtól. Ez az elszakadás elmélyült miközben megpróbáltam elmagyarázni, hogyan épül fel a komputer szimulációs modellem és milyen teljesítményt nyújt. A szakkifejezések magyar nevét nem ismertem, de szerencsére a kutatók egyike beszélt valamennyire angolul, így képes volt angolról-magyarra lefordítani a kulcsfontosságú terminológia egy részét. A bemutatóm végén tartottunk egy hosszú technikai megbeszélést, a közbeeső időben pedig valaki felhívta a Soproni Egyetem Erdőmérnöki Tanszékét. Ennek folyományaként, kaptam egy meghívást, hogy ott is tartsak egy bemutatót. A következő néhány nap folyamán megtanultam a magyar szakmai kifejezéseket, és mire a soproni bemutatóra sor került, már majdnem folyékonyan beszéltem a nyelvet.

Az egyik nap Berkes Tibor meghívott az otthonába egy

142

italra; ő egy korábbi iskolatársam volt, aki mezőgazdász mérnök és a Nyögéri Mezőgazdasági Szövetkezet elnöke volt. Tibor négyszemközt elmondta nekem, hogy ő segítette ki apámat a rendőrségnél, amikor 1970-ben hazatért Kanadából. Apámat a sárvári rendőrség letartóztatta és kihallgatta, azt feszegetve, hogy anyám mért nem tartott vele. Apámnak mindig volt humorérzéke. Azt válaszolta a rendőrségnek, hogy anyám azért nem tudott hazajönni, mert Sault Ste Marie-ban beiratkozott egy tánciskolába; a táncórák egészen júliusig tartanak, utána vissza fog térni Magyarországra.

A kihallgatásért felelős rendőrtiszt, humorérzék hiányában, azzal gyanúsította, hogy a felesége megpróbál az országból lelépni, s azzal fenyegetőzött, hogy börtönbe vetteti, míg anyám visszatér. Mivel apám a Nyögéri Mezőgazdasági Szövetkezetben dolgozott, a rendőrség értesítette Tibort erről a fejleményről. Azon felül, hogy Tibor a mezőgazdasági szövetkezet elnöke volt, ő volt a helyi Kommunista Párttitkár is, ami tiszteltet biztosított a számára a rendőrség előtt. Tibor a sofőrjével Sárvárra vitette magát, elérte, hogy a rendőrség apámat elengedje és visszavitette apámat az autójával a faluba. Én még mindig azon az ötleten nevettem, hogy anyám beiratkozott egy kanadai tánciskolába és csodálkoztam azon, hogy hogyan juthatott az eszébe ilyen ötlet, hogy a rendőrséggel viccelődjön.

Fe+lcseperedésem idején Magyarországon mindig is lenyűgözött a zenés színház, különösen a történelmi vonatkozású darabok. Sosem volt lehetőségem élő színházi előadásra ellátogatni azokban a napokban; most elhatároztam, hogy legalább egy bemutatóra elmegyek. Egy nap, amikor

143

Szombathelyre, a falunktól körülbelül harminc kilométerre eső városba látogattunk, észrevettem, hogy a Marica grófnő című operett van műsoron. Vásároltam két jegyet a szombat esti előadásra. Remek helyekre szóltak, az ötödik sor közepére.

Szombat délután Rose feltette nekem a jellemző kérdést: "Milyen ruhában illik megjelenni a színházban?" Azt tanácsoltam neki, hogy erről ne kérdezzünk meg másokat. Én azt szorgalmaztam, hogy vegyen fel hosszú ruhát, mivel én szürke öltönyt készültem felvenni, zöld bársony csokornyakkendővel. Azzal indokoltam a tanácsomat, hogy tanácsos volna majdnem ünnepélyes viseletet öltenünk, hogy megjelenésünkben is beilleszkedjünk a hallgatóság körébe, nehogy feltűnőek legyünk.

Amikor a színházba értünk, rajtunk kívül senki mást nem láttunk, aki *kiöltözött* volna, leszámítva egy katonatisztet, aki az egyenruháját viselte. Valójában a legtöbb jólszituált fiatal amerikai farmert viselt. A helyzet még rosszabbá vált, amikor egy idősebb högy ült le velem szemben; észrevette a zöld bársony csokornyakkendőmet. Megfordult és megkérdezte tőlem, hogy megtapogathatja-e, mert a látszat alapján úgy véli, hogy puha és csinos darab, valószínűleg Amerikából. Ezen a ponton Rose jót kuncogott "Ennyit az ötletedről, hogy ne legyünk feltűnőek."

A gyerekek igazán jól érezték magukat a szüleim házában töltött idő alatt; sok gyümölcsfa és zöldség volt a kertben, és állatok.

A Magyarországon töltött négy hét gyorsan elszállt. Sok közeli rokonunkat alkalmunk volt meglátogatni. Túl hamar elérkezett a könnyes búcsú ideje, különösen, ami anyámat illeti.

Hajnali 2 órakor hagytuk el Nyögért, hogy elérjük az Air France kora reggeli Párizsba induló járatát. A gép egy órát késett. Amikor végre felszállt, kiengedni a feszültségből, amit magyarországi látogatásom idején tapasztaltam.

A feszültség enyhülése nem tartott sokáig. Alig húsz perce voltunk a levegőben, amikor a pilóta bejelentette, hogy leszállunk Prágában egy vészhelyzet miatt. Utasítottak bennünket, hogy hagyjuk el a gépet, és gépfegyveres katonák egy váróterembe kísértek bennünket. A terminálon pletyka kezdett szállongani. Arról beszéltek, hogy a katonák egy korábbi magyar szabadságharcos, aki éppen Magyarországra látogatott, Budapestre történő visszakísérését tervezik. Rose-ra néztem és megjegyeztem, hogy lehet, hogy engem keresnek. Halkan elbúcsúztam a gyerekektől, és megkértem Rose-t, hogy amint megérkeztek, értesítse a Kanadai Nagykövetség párizsi kirendeltségét.

Néztük, amit egy fél tucat felfegyverzett csehszlovák rendőr belép a váróterembe, és kezükben egy fényképet tartva az utazókat figyelték. Rám is sor került, ahogy ott álltunk csendesen, de tekintetük továbbmozdult, és egy másik utason állt meg. Őt megbilincselték és kivezették a helységből. Ezután a katonák visszakísértek minket a repülőgépre és folytattuk utunkat Franciaország felé.

A Prágától Párizsba tartó úton visszaemlékeztem a Magyarországi látogatásunkra. Változott egyáltalán valami az elmúlt tizennyolc évben? Az első valódi változás, amit észrevettem, az volt, hogy a rettegett Titkosrendőrség, az AVH-t feloszlatták. A törvényes rendőrség viszont még vasököllel uralta a lakosságot. Az üzletekben bőségesebb volt az élelmiszerkínálat, valamint néhány alapvető árucikk, mint ruhanemű és lakásfelszerelés is rendelkezésre álltak. Tehát a legalapvetőbb szinten jött létre változás a kommunista vezetés idején. Az iskolázatlan pártvezetőket legalább érettségivel, vagy egyetemi diplomával rendelkező emberek váltották fel. Voltak arra utaló jelek, hogy lassú változtatások történtek, és a korábbi terror és üldözések alábbhagytak.

Amikor Párizsban leszálltunk, nagyon hálás voltam Istennek, hogy 1956-ban elmenekültem Magyarországról; újra elindultam vissza egy szabad világba. Szeretetteljes érzésekkel gondoltam Kanadára, az országra, amely befogadott.

Szakmai sikerek

Miután visszatértünk Magyarországról, meghívtak egy állásinterjúra a Victoria B.C.-ben található Pacific Forest Research Center-be, egy kutató tudós pozícióra. Ez előléptetési lehetőség volt, mely áttelepüléssel is járt, egy olyan városba, amelyben egyetem is volt, ahová majd a gyerekek is járhatnak. Természetesen Victoriában az időjárás is kedvezőbb volt, összehasonlítva a kemény telekkel, amelyekhez Sault Ste Marie-ban hozzászoktunk. Jelentkeztem és meghívtak Victoriába egy interjúra. Dr. Terry Honer, aki jelen volt a komputer szimulációs bemutatómon Sault Ste Marie-ban, volt az interjúbizottság elnöke. Dr. Honer volt a megpályázott munkakör programmenedzsere. A szerencse most sem hagyott el. Felajánlották nekem a munkát, én elfogadtam, a család pedig izgatottan nézett az új lehetőség elébe.

Eladtuk a sault ste marie-i házunkat és vásároltunk egy újat Victoriában. Ingóságaink átszállításának költségét a kormányzat állta. Miután a költöztetők mindent becsomagoltak, beszálltunk a család Mercury Montego járművébe és elindultunk Victoriába. Az út öt napig tartott, préri területeken és hegyeken autóztunk keresztül. 1974 novemberében Hálaadás Napján érkeztünk Victoriába. Két hétig egy hotelben laktunk, közben vártuk, hogy a bútoraink megérkezzenek. Izgatottan vártuk, hogy beköltözhessünk új otthonunkba, amely Victoria Gordon Head városrészben volt.

147

A Pacific Forest Research Centerben több mint három évig dolgoztam kutató tudósként és projektvezetőéként. Élveztem a kutatómunkát és a tudományos szaklapok, újságok számára végzett publikációs tevékenységet. A szakmai találkozók révén lehetőségem nyílt rá, hogy beutazzam Észak-Amerikát és prezentációkat tartsak kutatómunkám eredményeiről. Jól működő kapcsolatot építettem ki az U.S. Forest Service (Egyesült Államok Erdőszolgálata) portland-i, oregoni-, olympiai és washington-i állomásaival, valamint számos egyetemmel A British Columbiával is jó kapcsolatokat ápoltam. Az Erdőszolgálat, az Erdő Produktivitás Bizottság, melyet Denis Glew (aki jelen volt a prezentációmon Sault Ste Marie-ban) vezetett.

Denis és én emlékezetes kirándulást tettünk Oregon államba 1976 nyarán. Az Erdőgazdászok workshopot tartottak egy Mount Hood közeli üdülővárosban. Beültem a Kanadai Erdőszolgálat egy autójába és elfuvaroztam Denist erre a találkozóra. Denis híres volt garasosságáról. Néha, ha azt szerette volna, hogy valaki meghívja egy kávéra, így fejezte ki: "Meg fogom engedni, hogy meghívj egy kávéra." Ezt szem előtt tartva, amikor vele voltam úton, néhány meglehetősen érdekes helyzetbe kerültem. Miután bejelentkeztünk az üdülőhelyi hotelbe, vacsorázni indultunk egy elegánsabb étterembe. Egy kicsit aggódtam, mert valószínűnek látszott, hogy a kormányzati napi díj, nem fogja fedezni az étkezés költségeit.

Denis az ételek és borok szakértője volt, ő rendelt mindkettőnk számára. Amikor elfogyasztottuk a vacsorát, kikérte a számlát. Megkönnyebbültem, amikor elkezdtem úgy gondolkodni, hogy ez a drága vacsora nem lesz kihívás a relatív szerény, 20$ (CDN) kormányzati napi díjam számára, amely nem tartalmazza az ügyfelek és a kollégák ellátásának költségeit. Amikor a pincérnő kihozta a számlát, Denis hozzáfordult és így szólt "A barátom állja." és átnyújtotta a 65$ (U.S.) számlát nekem. Mivel Denis nagyra értékelt kolléga, kötelességemnek éreztem, hogy kifizessem ennek a tékozló vacsorának a költségeit, de ezzel egyidejűleg a jövőbeni kapcsolatunk számára egyenrangú játékteret kívántam megalapozni.

Denis ragyogott, amikor elfogadtam a számlát. Másnap este megint ugyanabba az étterembe mentünk. Ezúttal én rendeltem mindkettőnknek; marhából készített feketepecsenyét választottam és megkértem Denist, hogy válassza ki az ehhez leginkább illő bort. Az étkezés végén kikértem a számlát, Denis pedig csupa mosoly volt. Amikor a pincérnő odajött, megkértem, hogy a számlát ezúttal a barátomnak adja, mert most rajta volt a sor, hogy fizessen. Denis arckifejezése jelezte, hogy erre a meglepetésre nem volt felkészülve, de elfogadta a helyzetet; óvatos mosollyal tekintett rám, amit az értelmezésemben annyit jelentett "ezt jól csináltad". Ezt követően kapcsolatunkban rendszeressé vált az egymás kölcsönös meghívása, de nem ügyeltünk arra, hogy éppen ki van soron.

Tudományos cikkeket írtam a komputer szimulációs modellekről[4], valamint egy újságba, amelyet Denis és Terry

---

[4] Hegyi, F., 1975. *Growth Modeling in an Operational Planning Context. Proc. Workshop on Canadian Forest Inventory Methods, Canadian Institute of Forestry*. University of Toronto Press. pp 224-239.

149

mutattak be egy nemzetközi konferencián Norvégiában[5]. 1977-ben Denis Glew-t előléptették főerdésszé a B.C. Erdőszolgálat a Erdőnyilvántartási Részlegén. Továbbra is együttdolgoztam vele, arra koncentrálva, hogy hogyan tudnánk a manuális módszereket komputervezérelt folyamatokkal helyettesíteni. Abban az időben a metrikus átváltás nagy kihívássá vált Kanadában, a probléma nagymértékben befolyásolta az erdészeti szektort. Denis kapta a feladatot, hogy készítse el 7.320 erdő borította terület térképének konverzióját imperiálisról metrikusskálára.

A meglévő létszámú rajzoló személyzetből kiindulva, megbecsülték, hogy a manuális konverzió körülbelül öt évet venne igénybe, és legalább 5 millió dolláros költséggel járna. Denis megkért engem és Frank Towlert, a B.C. Erdőszolgálat Információs Rendszerek üzletágának igazgatóját, hogy vizsgáljuk meg a komputeres konverzió lehetőségét. Denis megértette, hogy ez a feladat egy jelentős megbízatás, így új munkakört hozott létre ennek érdekében: Kutatási és Fejlesztési Főerdész. Ezt a munkakört a Közalkalmazotti Bizottságon keresztül hírdette meg. Denis javasolta, hogy jelentkezzek, de világossá tette, hogy a pozíció elnyerése saját érdemeim függvénye kell legyen. Hogy elkerüljük az érdekütközés lehetőségét, ő nem vett részt a kiválasztási folyamatban.

---

[5] Glew, D.R., Hegyi, F. and Honer, T.G., 1976. *Data Base Requirements for Growth Models in the Computer Assisted Resource Planning System in British Columbia.* Proc. XVI IUFRO World Congress, Norway. pp 74-85.

Végigjártam az interjú eljárás állomásait, és a szerencse ismét mellém állt. 1977 nyarán a Közalkalmazotti Bizottság felajánlotta nekem a munkakört; új főnököm Denis Glew lett. Az irodai és számítástechnikai felszereltség, ami az új munkahellyel járt, tekintélyesen szerényebb volt, ahhoz képest, amilyet a Kanadai Erdőszolgálat biztosítani tudott a Csendes-óceáni Erdőkutatási Központban. Az első megbízatásom annak a technológiának a kikutatása volt, amely képes az erdőborított területek térképének metrikus skálára történő átkonvertálására. Frank Towler volt a munkatársam ebben a kutatómunkában. Megállapítottuk a kiválasztási kritériumokat és összehasonlítottuk a rendszereket, amelyek komputeres térképszerkesztési és komputergrafikai lehetőségekkel is rendelkeztek. Számos céget megvizsgáltunk, az ilyen kapacitásokkal rendelkezők közül, és hármat meghívtunk, hogy mutassák be, milyen mértékben alkalmas a szoftverük a digitalizálásra.

A legjobb grafikus lehetőségeket az M & S Computing nyújtotta, így Denis Glew elhatározta, hogy 1977 novemberében felkeresi a céget annak székhelyén, Huntsville-ben, Alabama államban. Denis megkért, hogy kísérjem el, és hogy tudományos szempontok szerint értékeljem a technológiát. John Mostert, egy calgary-i komputer értékesítési képviselő, aki az M & C Computing képviseletét próbálta ellátni Kanadában, is velünk jött.

Az M & S-t Jim Medlock alapította 1969-ben, az IBM egykori szerződéses partnere, aki az őrzés és felügyelet szoftvert fejlesztette ki a Saturn V rakétahordozóhoz, amely asztronautákat küld a holdra. A termékük egy Interaktív Grafikai Tervezőrendszer (IGDS) volt, amely képe volt térképek digitalizálására, majd kinyomtatásukra legalább olyan

151

minőségben, mint ahogy azt egy magasan képzett térképrajzoló elkészíthette volna. A reggelt azzal töltöttem, hogy John Hubbard hozzáértő segítségével teszteljem ennek a meglévő technológiának a lehetőségeit, miközben Denis és VP Keith Schonrock az üzleti ügyeket vitatták meg, beleértve a személyzet kiképzését és a karbantartási igényeket. Délutánonként találkoztunk a cég elnökével, Jim Medlock-kal, és feleségével, Nancy-vel, aki az M & S Computing kontrollere volt, hogy megbeszéljük az adásvétel feltételeit.

Az egyik délután Keith elvitt minket egy túrára a Redstone Arsenalba (Egy katonai terület Huntsville-ben, Alabama államban, ahol a NASA űrrepülési központja is található). A nyilvános részeken megkülönböztetett hozzáférést kaptunk, és láthattuk az űrkutatás csodalétesítményét, amelynek célja az ember Holdra telepítése volt. Denis és én szünetet tartottunk miközben a tudományos vívmányok példáit figyeltük, hozzátéve "egészen biztosan létezik olyan technológia, amely a térképek digitalizálására alkalmas". Ezt követően ellátogattunk egy irodába, amely egy életen át tartó benyomást tett rám, Dr. Wernher von Braun irodájába. Ez egy közepes méretű irodahelység volt, eredeti fabútorokkal bebútorozva. (Ha jól emlékszem mahagóniból készültek.)

A hét vége felé Denis elégedetten nyugtázta, hogy lehetséges a 7.320 fával borított terület térképét komputergrafika segítségével metrikus skálára átkonvertálni. Értesítette Mr. Medlock-ot, hogy kérelmet fog benyújtani a gazdasági igazgatósághoz, hogy megkapja a finanszírozáshoz szükséges összeget, amelyet követően a beszerzési eljárást kiírják. Péntek este meghívtak bennünket Jim és Nancy Medlock házába, egy délutáni hűsítő fürdőzésre a mendencéjükben, és az ezt követő vacsorára. Míg a medencében lazítottunk, megittunk néhány pohár gin tonikot, én pedig dicsekedtem egy kicsit, hogy milyen jó szakács vagyok. Nancy megkérdezte, hogy mi a specialitásom, mire így válaszoltam: "Magyar gulyáspörkölt nokedlivel". Megkérdezte, hogy el tudnám-e készíteni azt az ételt vacsorára. Mielőtt még válaszolhattam volna, Denis így szólt "Hát persze, természetesen. Frank remek szakács. Már számos alkalommal lehetőségem volt megkóstolni ezt az ételt; főzzük meg ma este is."

Jim kiadta a hozzávalók beszerzésének feladatát, míg mi a medencében folytattuk a lelki feltöltődést. Marhabélszín volt már otthon, így Jimnek csak paprikát, zöldborsot, paradicsomot, hagymát, majorannát és köménymagot kellett vásárolnia. Főztöm sikert aratott, bár Jim nem akart hinni a szemének, amikor a nemes húsdarabot elkezdtem összeaprítani a gulyáshoz. Ő az elkészült ételt ragunak nevezte, ami magyar füleknek nem elfogadható leírás.

A munkám részeként én irányítottam a rendszert és én tanítottam be a negyvenöt kézi rajzolóból álló személyzetet az új technológia használatára. Ez különösen nagy kihívást jelentett, mert megváltoztak a munkakörülményeik; a szokásos irodai munkaidőt felváltotta a többműszakos munkavégzés, és erről nekem kellett tárgyalnom a harcos kedvű munkavállalói érdekvédelemmel. Néhány kivétellel sikerült meggyőznöm a személyzetet, hogy az új komputervezérlésű térképszerkesztő rendszer új lehetőségeket teremt számukra, valamint magasabb szinten történő újra besorolást tesz lehetővé. Viszonzásképpen ők meggyőzték az érdekképviseletet, hogy fogadják el az átszervezési javaslatok, beleértve a többműszakos munkavégzést is.

22 kép: A grafikai számítógépes rendszer

23 kép: A grafika és szatellit kép munkaállomások

1978 októberében Denis Glew elhatározta, hogy ötvenöt évesen nyugdíjba megy. Mivel a Nyilvántartási Üzletágat éppen átszervezték, a munkamódszerek vonatkozásában is, amelynek a fő tervezője én voltam, én voltam a felelős ügyvezető, amíg megválasztották Denis utódját. Ez komoly problémák forrásává vált számomra. Egy kívülálló voltam, egy külföldi. Azokban a napokban külföldiek soha sem jutottak vezető pozícióba a hagyományos szervezetekben. De nem csak erről volt szó, kinevezett ügyvezető igazgató voltam. A dolgok rendjét állítottam a feje tetejére a komputervezérelt ábrázolással. A hagyományos rajzolói állomány felháborodottan hangoztatta, hogy a komputerek sohasem lennének képesek a rajzolók művészetét pótolni. Szembe helyezkedtek velem és vért akartak látni.

December elején tartottunk egy találkozót a Provinciális és Szövetségi Erdőnyilvántartási vezetőknek, akiket különösen érdekelt ez az új technológia; a rendezvénynek mi voltunk a házigazdái. Ez volt az első ilyen technikai eljárás, amit a kanadai működési környezetbe be kellett vezetni. Ez a találkozó felkeltette a victoriai sajtó érdeklődését, ami fokozta a rendszeren lévő nyomást, hogy a lehetőségeinél magasabb szinten teljesítsen.

1979-ben a B.C. Erdőgazdálkodási Minisztérium jelentős változásokon ment át. Az új az Erdőgazdálkodási Minisztériumról és az Erdőgazdálkodásról szóló törvény új koncepciókat vezetett be a több mint ötven millió hektáros erdőterületek kezelését illetően. A komputervezérelt térképkészítő rendszert, amelyet mi vezettünk be, olyan eszközként került be a köztudatba, amely képes a változások végrehajtására. Ügyvezető igazgatói munkakörömet a "régi osztály" még nem fogadta jól.

Szerencsémre, a B.C. Erdészeti Minisztérium új miniszterhelyettest nevezett ki, Mike Apsey-t, aki szintén kívülálló volt. Mike és én ugyanabban az évben születtünk, sőt kutatói hátterünk is hasonló volt. Nagyon elégedett voltam azzal az iránnyal amit kijelölt az Erdészeti Szolgálat számára. Ez nagyban megkönnyítette a munkám.

1979 elején elnyertem a Nyilvántartási Üzletág igazgatói pozícióját. Ez nem talált kedvező fogadtatásra az ultrakonzervatív Polgári Szolgálatnál. Szerencsére, az interjúpanel tagjai között a British Columbia Egyetem és a Közalkalmazotti Bizottság képviselői is megtalálhatók voltak. Míg hagyományosan a rangidős menedzsmentet a szürke tömegből nevezték ki, illetve különösen a dolgozói állomány azon tagjaiból, akik legalább húsz évet töltöttek a szervezetnél, az interjúpanel tagjai felismerték, hogy a Nyilvántartási Üzletágnak olyan vezetőre van szüksége, aki ért a komputervezérelt térképkészítési technológiához. Mivel ebben én voltam a legfelkészültebb, én nyertem meg a versenyt.

Néhányan a magyar erdőmérnökök közül, akik 1956-ban a Soproni Egyetemről csoportban érkeztek, és ebben az időben az Erdőgazdálkodási Minisztériumnál dolgoztak, háborodtak leginkább fel a kiválasztásomon. Kívülálló voltam, fiatalabb, mint ők, a Szövetségi Kormányzattól jöttem, és az első bevándorló voltam, aki igazgatói rangot ért el a B.C. Erdészeti Szolgálatnál. Most én voltam a főnökük. Kemény küzdelmet vívtam, hogy elnyerjem ezeknek a "régi bútoroknak" a bizalmát. Gyakran hallottam, amint az általam bevezetett változásokra ekképp reagálnak: "Már húsz éve így csináljuk, mért változtassunk rajta most?"

A komputervezérelt térképkészítési technológia bevezetése mellett, megváltoztattuk az adatgyűjtés módját; a szubjektív mintavételi eljárást statisztikai alapú többfázisú mintavételi eljárásra cseréltük. Az elsődleges mintákat 70 mm-es sztereo párokból nyertük ki, egy almintából, amelyből érvényesség és statisztikai korrekciók alapján végeztünk méréseket. Egy további almintát választottunk az időszaki újramérésekhez, hogy a növekedést és a hozamot tanulmányozhassuk. Továbbá, bevezettem szatellit-fotográfiát, hogy az erdőterület változásait a fakitermelés és erdőtüzek vonatkozásában figyelemmel követhessük. A Kanadai Távérzékelési Központ (Canada Centre for Remete Sebsing; CCRS) Ottawában ennek az úttörő technológiának bevezetésében jártas műszaki szakértőket küldött, ami teljesen csalódottá tett számos hagyománykövető szürke eminenciást. Különösen a CCRS vezető kutató tudósa, Dr. David Goodenough mutatott személyes érdeklődést a távérzékelési technológia alkalmazásában a british columbiai erdőtartalékok feltérképezésének vonatkozásában. Ez erősítette az általam javasolt változtatások hitelességét, és ezáltal gyengítette a hagyományos konzervatív ellenzék érvelését.

Annak érdekében, hogy ilyen új technológiákat üzemi szinten bevezessünk, hatalmas újraszervezést kellett megvalósítanom az Erdőnyilvántartási Üzletágon belül. 1979-ben a Karácsonyi ünnepeket azzal töltöttem, hogy munkaköri leírásokat készítettem, amelyek minden működési szinten világosan megfogalmazták a tudományos és műszaki felkészültségi követelményeket, beleértve a középvezetői szintet is. A személyzet tagjai három évet kaptak, hogy megszerezzék a szükséges további szakképesítéseket annak érdekében, hogy megfeleljenek a munkaköri leírásban megfogalmazott feltételeknek, és így megtartsák jelenlegi pozíciójukat. Egyetemi professzorokat alkalmaztam, hogy workshopokat tartsanak a személyzetnek az új mintavételi rendszerről és a szatellit kép kiértékelési technológiáról, így saját munkakörnyezetükben nyílt lehetőségük a szükséges új tudás elsajátítására. E változtatások véghezvitelében komoly támogatást kaptam Mike Apsey erdőgazdálkodási miniszterhelyettestől.

Három rangidős menedzser kivételével, akik inkább a korai nyugdíjazást választották, az új technológia megismerése ellenében, a személyzet általánosságban élt a lehetőséggel. E menedzserek egyike megpróbálta megállítani a változásokat; erre a célra egy érzelmekre alapozott prezentációt készített, melyet a miniszterhelyettes asszisztenséhez intézett. Azzal érvelt, hogy ő volt az a háborús veterán, akit az új bevándorló, aki egy olyan országból származik, amelyik Németország szövetségese volt a háborúban, a kispadra küldött. Érve így hangzott: "komoly figyelmeztetéssel visszautasítva, hogy problémája lenne az Emberi Jogok Bizottságával ilyen nézetek vonatkozásában."

1980 nyarán a Szovjetunióból tudományos küldöttség érkezett Kanadába. Bill Young, miniszterhelyettes asszisztens (valamint főerdész) (aki a főnököm volt), elmondta, hogy a látogatók komolyérdeklődésüket fejezték ki a komputervezérelt térképszerkesztő rendszer bemutatójának megtekintése iránt. Amikor átnéztem a látogatók listáját, felfedeztem rajta Dr. Moroz nevét, akit egy korábbi látogatásból ismertem; akkor járt Sault Ste Marie-ban, amikor komputer szimulációs tudósként dolgoztam ott. Azt válaszoltam Billnek, hogy boldogan vállalom a bemutató megtartását, különösen azért, mert a látogatók egyikét ismerem.

Utazás a Szovietunióba

1980 nyarán a Szovjetúnióból tudományos küldöttség érkezett Kanadába. Bill Young, miniszterhelyettes asszisztens (valamint főerdész) (aki a főnököm volt), elmondta, hogy a látogatók komoly érdeklődésüket fejezték ki a komputervezérelt térképszerkesztő rendszer bemutatójának megtekinése iránt. Amikor átnéztem a látogatók listáját, felfedeztem rajta Dr. Moroz nevét, akit egy korábbi látogatásból ismertem; akkor járt Sault Ste Marieban, amikor komputerszimulációs tudósként dolgoztam ott. Azt válaszoltam Billnek, hogy boldogan vállalom a bemutató megtartását, különösen azért, mert a látogatók egyikét ismerem.

Standard demónkban volt egy látványos rész a komputervezérelt térképkészítő rendszer képfelbontásához kapcsolódóan. Ugyanezt a tervező fájlt használva elkészítettük a Föld egy olyan grafikus ábráját, amelyen 1 mm-es pontossággal tudtuk bemérni az objektumokat. A tervező fájl magába foglalta Észak-Amerika térképét, British Columbia térképének ráközelítési lehetőségével, Victoria várost pedig kiemelten utca szintű pontossággal tartalmazta. Még azt az irodaépületet is beazonosítottuk, amelyben éppen tartózkodtunk, valamint a széket, amelyben a rendszert kezelő operátor a bemutató idején ült. A demóban bemutattuk a Föld bolygót, milliméter pontossággal megmértük átmérőjét, ráközelítettünk különböző térképekre, és végül ugyanannak a tervező fájlnak az alkalmazásával megmértük annak a széknek az átmérőjét, amelyben az operátor ült. Ezt természetesen a szék méreteinek tényleges lemérésével igazoltuk, mégpedig a demót megtekintő látogatók jelenlétében. Bill különösen kedvelte ezt a demófelvételt, és javasolta, hogy mutassuk meg a látogatóknak. Azt tanácsolta, hogy a bemutató helyszínén tegyünk ki a terem falára egy kanadai és egy szovjet zászlót. Erre én azt feleltem, hogy örömmel kitenném Kanada zászlaját, "de kérlek, ne kérj arra, hogy a vörös zászlót is kitegyem az üzletágamban. Ismered a hátteremet." Bill ennyit válaszolt: "Mennyire fontos számodra az állásod?"

Ezzel minden út lezárult előttem. Hogy ténylegesen ennyi választást nem kaptam. Bill már megszervezte a zászlók helyszínre szállítását az Országos Protokoll Irodából. Ez péntek reggel volt, a demó bemutatását pedig hétfőn délelőtt 10 órára tűztük ki. Megkértem Se Chapmant, aki a komputergrafikai terminált kezelte a demók számára, valamint két ukrán származású erdőmérnököt, hogy jöjjenek be szombaton és legyenek a segítségemre az előkészületeket illetően. Azt javasoltam, hogy lássuk el orosz felirattal a demó néhány elemét, egy régi barát, Dr. Moroz személye előtti tiszteletadás jeléül.

Szombat reggel, amikor a demószobában találkoztunk, Steve Ilnytsky, az ukránok egyike, meglátta a vörös zászlót a falon és kiborult. Elmondtam, hogy ez az ADM utasítása volt. Nem volt választásom ebben az ügyben. Mivel Dr. Morozzal jó volt a kapcsolatom, gondoltam meg kellene tetéznünk a bemutatónkat némi humorral. Előadtam a tervemet, melyet a csapat komolyan támogatott. Orosz felirattal készítettük el.

Amikor a látogatók megérkeztek, egy kicsit ideges voltam, mert hivatalos tolmács kíséretében érkeztek, aki az Ottawai Külügyi és Nemzetközi Kereskedelmi Hivataltól (DFAIT) jött, valamint Tom Waterland british columbiai erdőgazdálkodási miniszter és Mike Apsey miniszterhelyettes is velük tartott. A delegációt Mr. Vorobjev vezette, értésem szerint ő a moszkvai Erdőgazdálkodási Minisztériumot képviselte. Mr. Vorobjev magas növésű férfi volt, akinek olyan volt az arca, mintha sohasem mosolygott volna. Egy kicsit Brezsnyevre hasonlított. Dr. Moroz szívélyesen üdvözölt és észrevételezte, hogy hatalmas szakmai előrelépést tettem; kutató tudósból high-tech igazgatóvá léptem elő.

Sue Chapman elindította a tervező fájlt a számítógépen, elkezdtük a bemutatót. Angol nyelven elmagyaráztam, hogy megmértük a Föld poláris átmérőjét; eredményül 12,756.32 km-t kaptunk. A tolmács ezt követően oroszra fordította az elhangzottakat.

Amint a tolmács befejezte a fordítást oroszra váltottam és így szóltam: "Most ráközelítünk a Szovjetunió térképére, amelyet Kanadából készítettünk egy felderítő szatellit segítségével." A tolmács automatikusan angolra fordította, mivel mindenki meglepetten nézett rám, beleértve a tolmácsot is.

Oroszul folytattam: "Most ráközelítünk Moszkva városra." Sue ráközelített Moszkva utcatérképére, amelyet szombaton digitalizáltunk, beleértve az utcanevek orosznyelvű feliratozását is. A tolmács megint lefordította angolra.

Visszaváltottam angolra és megkértem Sue-t: "Kérlek, közelíts rá arra az épületre. Azt hiszem az a Luzhniki Stadion." Sue teljesítette a kívánságomat és ráközelített a hockey csarnok középvonalára.

"Kérlek közelíts rá még jobban." - kértem Sue-t. Sue ráközelített a középvonalra, amely a szovjet és a kanadai zászlót egyaránt mutatta.

Oroszul folytattam: "Ó nézzék azt a két zászlót a pálya közepén." A tolmács minden mondatomat angolra fordította; amikor a zászlókat említettem a főnököm láthatóan idegessé vált (elveszítette a humorérzékét).

Mindenesetre folytattam; megkértem Sue-t, hogy addig folytassa a kinagyítást, amíg láthatóvá válik a hockey korong, amely a két zászló között helyezkedik el; azt is kértem, hogy mérjük meg ennek az átmérőjét. Sue lemérte az átmérőt, majd bemutatta az eredményt, ami 77 mm volt.

Elmosolyodtam és így folytattam "Íme, a bizonyíték. A korong átmérőjének 76.2 mm kellene lennie. Ez lehetett az oka, hogy a Szovjetunió az ötödik játékban 5-4 arányban megverte Kanadát. Illegális koronggal játszottak."

Mielőtt a tolmács lefordíthatta volna amit mondtam, Dr. Moroz hirtelen felpattant, mosolygott, átjött hozzám és átölelt. Az oroszok láthatóan értékelték a humorérzékemet, ami sokkal több, mint amit a főnökömről, aki nyilvánvalóan dühöngött, elmondhatok.

Folytattuk a demó lejátszását; a látogatókra nagy hatást tettek a komputervezérelt térképszerkesztő rendszer által nyújtott lehetőségek. Miután a szovjet látogatók távoztak, nagyon vegyes visszajelzések érkeztek hozzám a humorérzékemet illetően. Szerencsére a miniszterem és a miniszterhelyettesem értékelték, így túléltem.

1982-ben az oroszokon volt a sor, hogy vendégül lássák a kanadai tudósok delegációját a Szovjetunióban. A Kanadai Erdészeti Szolgálat (CFS) Dr. Terry Honért, Dr. Mike Bonért és egy harmadik ukrán származású személyt javasolt, aki beszélt oroszul. Az oroszok elfogadták Honer és Honer személyét, de harmadikként engem jelöltek meg, azzal az indoklással, hogy szeretnék megkapni az aktuális információkat a komputervezérelt térképszerkesztő rendszer adatmenedzsmentet érintő aspektusáról. Kezdetben a CFS visszautasította a kiválasztásomat, azzal az indoklással, hogy én nem a Szövetségi Kormányzat alkalmazásában állok. Egyetértésre jutottunk abban, hogy a Szövetségi Kormányzat finanszírozná az odalátogatásom költségeit.

A Külügyi Hivatal biztosított róla, hogy az oroszok ismerik az 1956-os hátteremet. Az oroszok garantálták a Szovjetunióba történő beutazásom biztonságosságát. Egy kicsit ideges voltam, mert Magyarországon szabadságharcosként ismertek bennünket. Az oroszok szemében viszont terroristák voltunk.

Másrészről izgatottan vártam, hogy ellátogathassak egy olyan országba, amelyet diákkoromban oly elmélyülten tanulmányoztam. Vásároltam egy tanulj-magad-oroszul kazettát, amelyhez egy füzetje is tartozott, és elkezdtem felfrissíteni az emlékezetemben a nyelvet, amelyet huszonöt évvel korábban folyamatosan beszéltem. A dolgozói kollektívám segítségével előadás diákat készítettem az előrehaladásunkról a komputervezérlésű térképszerkesztő rendszer témájában, és mindegyiket elláttam orosz felirattal.

165

1982. június 19-én szombaton délelőtt 11:30-kor elindultam Victoriából és Vancouver-i átszállással Torontóba repültem. Ott csatlakozott hozzám Terry Honer, és együtt hagytuk el az országot este 8:55-kor, az Air Canada Londonba tartó gépén. Korán reggel értünk Londonba, ahol találkoztunk Mike Bonerrel, aki Koppenhágából érkezett, ahol a rokonait látogatta meg. Délelőtt 11 táján mindhárman felszálltunk az orosz gépre; amikor már a levegőben voltunk, egy kis üvegben valamilyen vodkának látszó italt szolgáltak fel.

Így szóltam a kollégáimhoz "Hé, vodkát kapunk."

Terry kijelentette, hogy ő nem szándékozik inni belőle, mert relatív üres gyomorral szállt be a gépbe, illetve különösen azért sem, mert egész éjszaka utazni fogunk. Megkértem, hogy csomagolja el, mert én meg akartam inni. Nos, meglepődtem-e valaha is, amikor vodkát ittam, és kiderült, hogy az üvegben csak tiszta víz van, semmi más, de még csak nem is hidegvíz?

Ez, amint Moszkvába értünk, megváltozott. VIP vendégekként kezeltek bennünket. Amint földet értünk, magas rangú rendőrtisztek kísértek minket a VIP váróterembe, ahol Dr. Moroz és a kollégája vártak ránk. Egy nagyon kellemes és vonzó harmincas hölgy jött felénk, és köszöntött minket angolul. Marinaként mutatkozott be; ő volt a hivatalos tolmács. Felajánlotta, hogy amerikai dollárunkat orosz valutára váltja át a számunkra. Vendéglátónk számos alkalommal vodkával kínált bennünket, illetve rengeteg szalámit és kaviárt kínáltak kenyérre feltéve.

Ez a szívélyes fogadtatás körülbelül egy órát vett igénybe, majd ezt követően autóval vittek el minket a hotelünkbe, melynek neve ironikusan Hotel Budapest volt. Aztán éjszakára egyedül hagytak bennünket. Még Marina, a tolmács is hazament. Ez vasárnap délután 6 óra táján volt. Eddig még nem vacsoráztunk. Miután elfoglaltuk a szobáinkat és kicsomagoltunk, 8 óra körül lementünk az étterembe.

Én voltam a csapat tolmácsa, ami kihívást jelentő feladat volt, a legenyhébb fogalmazással élve. Húsz percet kellett várnunk, hogy ülőhelyet kaphassunk. Észrevettük, hogy a három hölgy, akik ránk vártak, egy hatszemélyes asztalnál ült. Aztán mi is leültünk, ugyanahhoz az asztalhoz. A hölgyek elkezdtek beszélgetni. Beszéltek néhány szót angolul, a többit én töltöttem ki. Kenyeret és felvágottat rendeltünk, salátával és Gregorian vörös borral. Egy kiváló zenekar játszott, a hölgyek pedig felkértek minket egy táncra.

Azt gondoltuk, hogy ez valamilyen kedves orosz vendéglátási rituálé, egészen a második táncig. Ekkor a főpincér kihívott az étteremből. Egy alacsony hölgy tört angolsággal ezt kérdezte: "Mi a szándékuk?"

Másnap reggel, amikor Marina megérkezett, hogy felvegyen bennünket, megkértük, hogy helyeztessen át minket egy háromágyas szobába. Ezt hallva nem volt túl boldog, de beleegyezett. Ettől kezdve mindig közös elhelyezést kértünk, hogy elkerüljük a kompromittáló helyzeteket, beelértve a gyanúbakeverés esetét is.

Ugyanazon a reggelen Marina két kormányzati autóval érkezett, hogy felvegyen bennünket. Dr. Morozzal, a Lezprojekt igazgatójával megbeszélt találkozóra vittek bennünket, aki a Szovjetunió teljes területére kiterjedően volt az Erdő

Nyilvántartásba- vételi és -tervezési program felelőse. Dr. Moroz egy nagy, régimódi bútorokkal berendezett irodában ült. Szódavízzel, vodkával és kávéval kínáltak bennünket. Szívélyesen üdvözölt bennünket, megemlítette, hogy mennyire élvezte a kanadai látogatást, és remélte, hogy jól fogjuk érezni magunkat a Szovjetunióban.

Dr. Moroz és csapat egy világos áttekintést nyújtottak a programjukról, amely talajmintákat és kézi készítésű erdő lefedettségi térképeket tartalmazott. A szovjetek csak igen kis mértékben alkalmaztak távérzékelési technológiát, és nem illesztették be a tevékenységeikbe a komputervezérlésű térképszerkesztő technológiát. Ebből kifolyólag határozott érdeklődést mutattak az általunk British Columbiában kifejlesztett úttörő technológia iránt.

A hétfő reggelt Dr. Morozzal töltöttük; délután a Lezprojekt különböző részlegeit látogattuk meg. Este Dr. Moroz vendégül látott bennünket egy vodkában és borban bővelkedő vacsorára. Kedden Marina elvitt bennünket a Kremlbe. Megtekintettük Lenin sírját és az Orosz Ortodox Templomot, melyet Marina "egy múzeumnak" nevezett. Ellátogattunk a Moszkvai Egyetemre is, és városnéző túrát tettünk autóval. Valójában három autóval közlekedtünk; Marina ült az egyikben Terry-vel és Mike-kal; én a másikban ültem, Dr. Moroz csapatának egy tagjával, valamint egy biztonsági tiszttel, a harmadik autóban pedig civil ruhás rendőrtisztek ültek (feltehetően a KGB képviseletében).

Este elvittek bennünket egy cirkuszi előadásra, amely nagyon szórakoztatónak bizonyult. Csütörtökön felkerestük az

Erdőkutató Intézetet Pushkinoban, Moszkva közelében, valamint Zagorsk városát, amely a fővárostól hetven kilométernyire található. Zagorsk adott otthont a Moszkvai Teológiai Akadémiának és a Troitse Sergieva Lavrának (zárda), melyet Sergej Kadonzhski alapított a tizenötödik században. Évszázadokig ez volt Oroszország legnagyobb vallási és kulturális központja. Úgy tűnt, mintha visszafelé mentünk volna néhány évszázadot az időben. Az idősebb asszonyok, akik ott dolgoztak, fekete ruhákat viseltek. Minden alkalommal, amikor egy ortodox pap érkezett, keresztet vetettek és számos alkalommal térdet hajtottak a pap előtt. Tolmácsunk, Marina megjegyezte, hogy a Szovjet Rezsim idején Zagorsk vallási szabadságot élvezett, de csak néhány idősebb ember gyakorolta a vallását.

24 kép: Mr. Moroz (sötét öltönyben) a szovjetrendszert ismerteti a kanadai delegációval.

25 kép: Marina, a tolmács, a Petersburg-i múzeum látogatáskor.

Június 24-én csütörtökön visszatértünk Lezprojektbe, ahol diavetítéses prezentációt tartottam orosz nyelven Dr. Moroznak és csapatának, Marina kisebb segítségével.   Nagy hatást gyakoroltunk rájuk a komputervezérlésű térképszerkesztési és szatellit kép kiértékelési technológiánkkal.   A tudósok egyike elmondta, hogy ők is dolgoztak ilyen technológiával, de az a hely máshol van, arra nincs időnk, hogy odalátogassunk. Arra a következtetésre jutottunk, hogy a munkát osztályozni kell és az épületet katonai területen kell lokalizálnunk.

Délután 2 óra táján Dr. Morozzal ebédelni indultunk. Az ebédet rengeteg vodkával, kaviárral, szalámival és feketekenyérrel kezdtük; az előételt borscs és sült csirke követte. Nagyon meglepődtem, hogy a borscs-t fehér takarmányrépával készítették; az anyósom ezzel szemben céklával készíti (ukrán módon).   Megemlítettem ezt Dr. Moroznak, akire nagy hatással volt, hogy ismerem az ukrán konyhát (ő Kiev-i születésű).

Csütörtökön este a Kanadai Nagykövetség látott bennünket vendégül egy fogadás keretében, melyre Dr. Morozt és munkacsoportját is meghívták. Ezt vendéglátónk igen nagyra értékelte. Rengetegszer koccintottunk a nemzetközi barátságra és együttműködésre. Nagyon jól éreztem magam ezen az estén, és visszaemlékeztem 1956-ra. Itt kollégák voltunk, barátságot és kölcsönös tiszteletet ajánlottunk fel egymásnak. És mégis, mindössze huszonöt évvel ezelőtt, a politika gyűlölködést szított közöttünk, és az oroszok szemében megbélyegzett tini terrorista voltam.

Pénteken Marina egy tovább Moszkvai városnézésre vitt bennünket, belevéve a metrózást; a metró nagyon tiszta volt és jól működött. Aznap este kijelentkeztünk a hotelből és kivittek minket a vasúti pályaudvarra. Vonatunk Leningrádba (ma Szentpétervár), mely a következő állomásunk volt, éjfélkor indult. Lenyűgöző utazás volt. Marina mindössze egy kétágyas kabint tudott szerezni, ezt Terry és Mike foglalta el. Én és Marina egy négyágyas hálókabinba kerültünk. Elmagyarázta, fennáll a lehetősége, hogy bármelyik állomáson további két felszálló csatlakozik hozzánk, ő pedig úgy érezte, hogy ebben a tekintetben alkalmazkodóbb tudnék lenni, mint a kollégáim, mert beszélek néhány szót oroszul és a helyi szokásokat is jobban ismerem, mint Terry és Mike.

Hajnalhasadáskor megfigyelhettük a vidéket, miközben kis falvakon haladtunk át. Tipikus vidéki házakat láttunk zsindelytetővel és téglafalakkal, csirkékkel és nagy zöldségeskertekkel a hátsóudvarban. Ezek a falvak nagyon hasonlítottak a Magyarországi településekhez, és megelevenítették a Lev Tolsztoj novelláiból ismert vidékleírásokat. Szombat reggel értünk Leningrádba, a Lezprojekt területi irodájának néhány munkatársa fogadott bennünket. Elvittek bennünket a szálláshelyünkre, egy hotelbe, ahol délután 2 óráig pihenhettünk.

Andropov úr (nem a KGB vezér), a Lezprojekt területi irodájának igazgatója volt a leningrádi vendéglátónk. Híres hockey-bíró volt (NHL státuszú) és úgy tűnt, hogy nagyon jó kapcsolatokkal rendelkezik. Este elvitt bennünket vacsorázni egy kedves étterembe, majd egy igazán előkelő színházba, ahol kiváló helyeket kaptunk a harmadik sorban. Vasárnap reggel megmutatta a cég irodáit, amelyek hasonlítottak a Moszkvában megtekintettekhez. Közvetlenül ebéd után elvitt minket az Ermitázs Múzeumba, amely egy életre szóló élményt nyújtott. Amikor a múzeumhoz értünk, az emberek nagyon hosszú sorban várakoztak a bejutásra. Andropov úr egy oldalbejáraton vitt be bennünket (a biztonsági szolgálatnál felmutatott különleges személyazonosító kártya használatával). Jó néhány órát eltöltöttünk a hihetetlen művészeti alkotások megtekintésével. Sajnos az épületben található festményekről fényképeket készíteni tilos volt.

Hétfőn reggel megtartottam a prezentációmat a területi iroda munkatársainak jelenlétében, ismét oroszul, Marina segítségével. A bemutatót remek beszélgetések követték, melyek különböző megközelítésekből folytak az erdő-feltérképezés témájában. Andropov úr, amikor rájött, hogy kapcsolatban állok a kanadai Fiatalkorúak Hockey Szövetségével, hosszan elbeszélgetett velem a hockeyról.

172

Hétfőn délután repülővel (Aeroflot) utaztunk Kievbe, Ukrajnába. Ismét a területi Lezprojekt iroda látott bennünket vendégül. Nagyon érdekesnek találtam az ukrán kultúrát és a konyhaművészetet. Az anyósom mindössze hat hónapos volt, amikor ő és a szülei Kanadába települtek át, de Saskatchewan-ban nőtt fel, a régi ország hagyományai szerint. Még mindig követte a régi utakat, pedig az emberek Ukrajnában tekintélyes változásokon mentek keresztül az elmúlt ötven évben. Az ételek, amelyeket Kievben fogyasztottunk, némileg különböztek attól, amit az anyósom tipikus ukrán ételnek nevezett.

Június 29-én kedden ellátogattunk a Lezprojekt irodájába, és áttekintést kaptunk az ukrajnai programból, a fák növekedésének előrejelzése kutatására koncentrálva. Este egy kellemes vacsorával és rengeteg vodkával tiszteltek meg bennünket. Meglehetősen merésszé váltam az orosztudásom tekintetében és felajánlottam, hogy tósztot mondok, melyről azt gondoltam, hogy tipikus ukrán szokás, legalábbis így tanultam az anyósomtól. Minden alkalommal amikor az ő otthonában vacsoráztunk, mindig a "daj borzse" szavakkal koccintottuk. Amikor ezt a felajánlást tettem, jót kuncogtak, mert a kommunizmusban nem lehetett "Adja Isten" felkiáltással koccintani. Ehelyett a "Za vashe zdorov'e'" kifejezést használták, amely azt jelenti "egészségére". Amikor néhány sort idéztem a világ legromantikusabb szerelmes leveléből orosz nyelven, meg voltak talán lepve? Még Marina is alig hitte, hogy a középiskolából emlékszem *Tatjana Anyeginhez írt levelére*.

Ezt még több vodka elfogyasztása követte, amelyek erőssége még másnap is elkísért bennünket. Volt nálam egy jó adag Rolaids tabletta (gyomorsav semlegesítő), melyet megosztottam ukrán vendéglátónkkal. Ez a gesztus kedvező fogadtatásra talált.

Június 30-án szerdán ellátogattunk a Kiev-i Botanikus Kertbe, ahol számos fafajtát mutattak be. Július 1-én vendéglátóinkkal a hotelben reggeliztünk, majd kivittek bennünket a repülőtérre, hogy visszarepüljünk Moszkvába. Este Budapestre szerettem volna repülni, de arról tájékoztattak, hogy első reggeli intézendőként Moszkvába rendeltek bennünket, hogy találkozzunk valakivel. Marina elkérte az útleveleinket, hogy be tudja szerezni a kilépéshez szükséges iratokat. Majd a hotelben hagytak bennünket, én pedig mindössze csodálkozni tudtam, hogy mi okból tehették át csütörtök estéről péntek reggelre a repülőutamat.

Péntek reggel Marina velünk reggelizett. Reggeli után kijelentkeztem a hotelből, beraktam a csomagomat az autók egyikébe, és elindultam, hogy találkozzunk azzal a titokzatos személlyel. Amikor úticélunkhoz értünk, nyilvánvalóvá vált, hogy egy kormányzati épületbe vittek minket; a rajta lévő feliraton ez állt: Erdőgazdálkodási Minisztérium, minden tagállam Marina egy divatos irodába kísért bennünket, amelynek az ajtaján ez szerepelt: "Miniszter". Leültünk; Dr. Moroz lépett be Vorobjev úr társaságában, aki az összes tagállam erdőgazdálkodási minisztere volt. Ebben a pillanatban azt hittem meghalok. Végülis Victoriában kijátszottam azt a viccet a Kanadai Kém Szatellitről, mely a kommunista kabinet miniszterét figyelte.

Vorobjev úr kézrázással köszöntött bennünket. Nem mosolygott miközben leült. Tájékoztatott, hogy nagy benyomást tett rá a victoriai bemutatóm. Megkérdezte, hogy milyen szovjet technológiát tudok összehasonlítani vele. Azzal válaszoltam, hogy nagyon nagy hatással volt rám mindaz, amit láttam. Megjegyeztem, hogy nyilvánvalóan más a megközelítésünk, bár párhuzamos utakat járunk. Elmondtam, hogy a látogatást intellektuális szempontból nagyon stimulálónak találtam.

Vorobjev úr Dr. Morozhoz fordult és megjegyezte: "A barátunk diplomatává fejlődött az utolsó találkozásunk óta." Felállt, felém sétált és így szólt: "Hegyi úr, tudomásom van róla, hogy nem utazik vissza közvetlenül Kanadába, hanem meglátogatja édesanyját, Saroltát, és édesapját, Ferencet a Nyögér nevű faluban, ahol ifjúsági vezető volt az ellenforradalom idején 1956-ban."

Ezen a ponton lelki szemeim előtt már majdnem megjelent Szibéria, mint látogatásom következő állomása. Kirázott a hideg, amikor kiderült, hogy tudja a szüleim keresztneveit és életem 1956. évi részleteit. Terry és Mike utólag elmondták, hogy annyira elsápadtam, hogy azt hitték el fogok ájulni. Vorobjev úr folytatta, miközben kezet nyújtott "Mindössze jó utat akartam kívánni a szülei meglátogatásához. Nagyon büszkék vagyunk arra, amit elért, az otthonától távol. Mi mindannyian el szeretnénk felejteni 1956-ot.

Láthatóan megkönnyebbültem, amikor Vorbjev úr kezet rázott velem és szélesen rám mosolygott. Megkérdezte, hogy megijedtem-e mi fog történni. "Ez meglehetősen enyhe kifejezés, uram." - válaszoltam.

Vorobjev úr kezet rázott Dr. Morozzal és hozzáfűzte "Jól megfizettünk neki a kém szatellit viccért." Ez volt az az alkalom, amikor észrevettem, hogy Vorobjev úr képes mosolyogni.

175

Marina kivitt a repülőtérre, hogy elcsípjem a Budapestre induló járatomat. Miután feladtam a csomagomat, elköszöntem Marinától, megköszöntem, hogy törődött velünk, majd folytattam utamat a biztonságos útlevél ellenőrzési terület irányába. Szerencsére Marina még kint várt, hogy biztos lehessen benne, probléma nélkül átjutottam. A határőr egyenruhát viselő tiszt megkérdezte, hol van az a lepecsételt dokumentum, amelyből kiderül, hogy mennyi orosz valutát vásároltam, amikor Moszkvába értem. Nem volt nálam a papír, mert az átváltást Marina intézte a számunkra, ő pedig elfelejtette odaadni nekem. A tiszt visszautasította az útlevelem lepecsételését, illetve hogy kiengedjen az országból. Odaintette az elöljáróját, hogy megértse, mit akarnak tenni velem. Ekkor Marina csatlakozott hozzánk; megpróbálta elmagyarázni mi történt, és hogy én hivatalos látogatás céljából érkeztem a Szovjetunióba Kanadából. Elmagyarázta, hogy ő intézte az átváltást, és az iratok valószínűleg az irodájában vannak. A tiszt kitartó volt; "Nem, papírok nélkül nem hagyhatja el az országot."

Marina kinyitotta a pénztárcáját és kihúzta belőle a kitűzőjét. Megmutatta a tisztnek, majd utasította "Pecsételje le most az útlevelét elvtárs."

A tiszt tisztelgett neki és így válaszolt "Igenis, hadnagy elvtárs."

Ekkor értettem meg, hogy kísérőnk és tolmácsunk, az a bájos hölgy, akivel elbűvölő párbeszédeket folytattunk, valójában a KGB egyik hadnagya volt. Marina észrevette arcomon a meglepett kifejezést. Megölelt és a fülembe súgta: "Jó utat. Maga rendben van. Semmi sem fog történni Önnel."

176

A Malévvel, a magyar repülőtársaság járatával utaztam Budapestre. Kellemes érzés volt, hogy megértettem a nyelvet. Jóízűen fogyasztottam a magyar ételt és bort, de nem tudtam felhagyni a csodálkozással; ha bármit elmeséltem volna Marinának, az üldözne engem, miközben egy másik kommunista országba látogatok. Szerencsére semmi sem történt. Két hétig voltam Magyarországon és július 17.-én utaztam vissza Victoriába.

Egy nappal később két civil ruhát viselő RCMP tiszt keresett fel az irodámban. Beszámoltam a találkozókról, mire így válaszoltak "Jól döntött."

177

Nemzetközi kalandozások

A komputervezérlésű térképszerkesztés, valamint a Földrajzi Információs Rendszerek (GIS) operatív nemzeti erőforrás menedzsment-alkalmazásokba történő bevezetésére úgy tekintettek abban az időben, mint a technológia legmagasabb színvonalára, futurisztikus kontextusban. Ezt a futurisztikus nyomást british columbiai programunk gyakorolta, és ennek eredményeként, számos nemzetközi konferenciára és workshopra meghívtak, hogy beszéljek róla. Minden prezentációmat megpróbáltam diákkal illusztrálni, amelyek bemutatták, hogyan alkalmaztuk a rendszert, hogyan néztek ki a kimeneti adatok, és a kulcsüzenetek humoros anekdotákban kerültek átadásra. Kanadai kormányzati ügynökségek tanácsadói bizottságaiba is meghívtak, hogy segítségükre legyek. Ez a lehetőség nemzetközi körben nyitott meg új ajtókat a számomra.

Tíz évig szolgátam a Kanadai Távérzékelési Tanácsadói Bizottságban (CACRS), melynek az volt a feladata, hogy tanáccsal lássa el a Kanadai Távérzékelési Központot a természeti erőforrások menedzsmentje során alkalmazható űrkutatási termékek dolgában. Két évig a CACRS egyik albizottságának elnöke is voltam, amely tartományi és területi kormányzati ügynökségekkel is kapcsolatban állt (IPTASC: Intet Provincia and Territorial Advisory Sub-Committee; Interprovinciális és Territoriális Tanácsadói Albizottság). Ebben a funkciómban megkértek, hogy készítsek az űrről egy prezentációt az Interinstitucionális Bizottság számra (amelynek tagjai szövetségi miniszterhelyettesek voltak) a RADARSAT I pályára állításának támogatása érdekében, amelynek célja

Kanada erőforrásainak feltérképezése. Dr. Ed Shaw, aki vezető beosztású tudósként dolgozott a RADARSAT I tervezésén, volt a segítségemre ennek a prezentációnak az elkészítése során, fáradozásunk kedvező fogadtatásra talált a miniszterhelyetteseknél.

Tíz évig dolgoztam a Kanadai Erdőnyilvántartási Bizottságnak is (CFIC), amely megpróbálta a tartományi erdőnyilántartási rendszerek adatait a nemzeti adatbázisba beintegrálni. Ez különös kihívást jelentett a számunkra, mert a tartományi ügynökségek maguk tervezték meg rendszereiket, mégpedig olyan sztenderdek alapján, amelyek a tartományi erdőkincs menedzsment gazdálkodással hangoltak össze. Mivel az összegyűjtött adatok integrációja az inkompatibilis sztenderdek vonatkozásában kihívást jelentő feladat volt, és jelentős kompromisszumokat és rugalmasságot követelt.

A legérdekesebb tanácsadói bizottság, amely együttműködésre kért fel, a Futurisztikus Tanácsadói Bizottság volt, professzor Angus Hamilton elnök és a New Brunswicki Egyetem földmérő mérnöke vezetésével. Mi számoltunk be a Kanadai Kormányzat Energia, Bánya- és Ásványkincs Erőforrások társ-miniszterelnök-helyettes. Megbízatásunknak megfelelően a jövőbe tekintettünk a technológia vonatkozásában, amely azzal a céllal jön létre, hogy Kanada természeti erőforrásainak térképét elkészítse. Képzeletünknek nem voltak határai, és az ennek eredményeképpen létrejövő előrejelzéseket tűztük ki célul, mivel ezeket a technológiai fejlesztés az elmúlt legalább húsz év során alátámasztotta.

A nemzetközi játéktér vonatkozásában jó néhány érdekes konferenciára meghívást kaptam, hogy előadást tartsak.

Például, 1985 novemberében meghívást kaptam egy ottawai interregionális szemináriumra, hogy tartsak egy alapelvekről szóló prezentációt a Földmérés, a térképszerkesztés, és a megjelenítés szerepéről az Országos Fejlesztő Programozás témájában; az eseményt az ENSZ, a CIDA és a Kanadai Energia, Bányakincs és Erőforrások Hivatala szponzorálta. A beszédemet november 5-e, kedd reggel 9 órára terveztük. Hétfő délután részt vettem néhány workshopon GIS témában. Az egyiket, az egyik szolgáltató (nem az Intergraph) tartotta, és egy órán át tartott. A másikat egy tanácsadó tartotta, ez további két órát vett igénybe. Úgy véltem, hogy mindkét workshop ugyanazt a forgalmazót reklámozza, ahelyett, hogy segítene a felhasználóknak kiválasztani azt a GIS-t, amely a legmegfelelőbb az alkalmazásuk számára.

A benyomásom eredményeként nyitóbeszédemet a több mint 800 jelenlevőhöz, a következő szavakkal kezdtem: "Az elmúlt éjszaka álmodtam valamit." Halk nevetés futott át a hallgatóságon. Mindenki azt hitte, hogy Dr. Martin Luther Kingre teszek utalást. Csak kevesen tudták, hogy 1963. augusztus 28.-án éppen az Amazon esőerdőben tartózkodtam, és ebből kifolyólag nem tudtam különösebben sokat Dr. King eme elhíresült beszédéről?

Így folytattam: "Azt álmodtam, hogy a Pénzügyi Igazgatóság Kanada szerte ráébred ennek az új technológiának, melyet komputervezérelt térképszerkesztésnek és Földrajzi Információs Rendszernek (GIS) neveznek, fontosságára, és a földmérésben és térképszerkesztésben érdekelt embereket arra ösztönzi, hogy megvásárolják a szükséges hardver és szoftver termékeket."

Ez még több nevetést aratott, mert a legmerészebb feladat, amivel ebben az időben szembe néztünk az volt, hogy meggyőzzük a tartományi és szövetségi kincstár igazgatóságát, hogy pénzt engedélyezzen a földmérés és a térképszerkesztés modernizációjára.

Folytattam a bemutatómat, azt remélve, hogy hatást érek el az előző napi előadók kijelentéseire alapozva. "Majd rögtön ezután egy kivégző kommandóval találtam szemben magam. Hárman álltunk előttük: a GIS értékesítő, a tanácsadó és én, a GIS felhasználója. Mindegyikünk számára engedélyeztek egy kívánságot, mielőtt lelőnék. A GIS értékesítő ezt mondta: "Adjanak nekem egy órányi előadási lehetőséget, hogy bizonyítsam, az én GIS alkalmazásom a legjobb. A GIS tanácsadó kérése a következő volt "Adjanak nekem kétórányi előadási lehetőséget, hogy elmondhassam, hogyan kell választani a GIS alkalmazások közül úgy, hogy egyet, melyet az egyik barátom értékesít, megvásároljanak. Aztán én beszéltem. "Csak rám lőjenek először."

A közönség felállva megtapsolt. Azok az emberek, akikre hivatkoztam, elhagyták a termet és a mai napig sem szóltak hozzám többé.

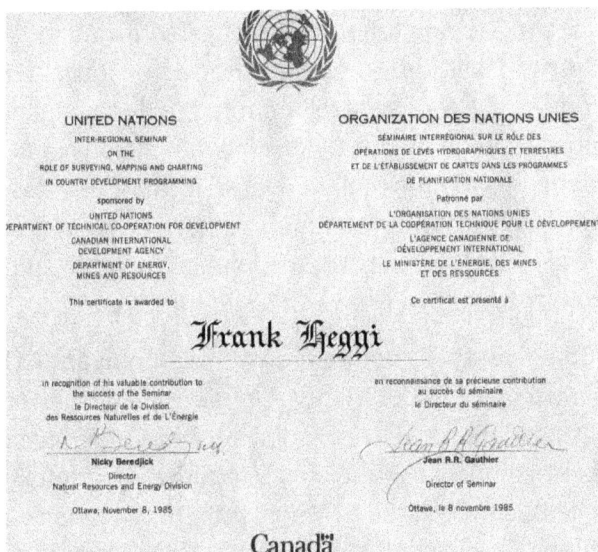

UNITED NATIONS

INTER-REGIONAL SEMINAR
ON THE
ROLE OF SURVEYING, MAPPING AND CHARTING
IN COUNTRY DEVELOPMENT PROGRAMMING

sponsored by
UNITED NATIONS
DEPARTMENT OF TECHNICAL CO-OPERATION FOR DEVELOPMENT

CANADIAN INTERNATIONAL
DEVELOPMENT AGENCY

DEPARTMENT OF ENERGY,
MINES AND RESOURCES

This certificate is awarded to

ORGANIZATION DES NATIONS UNIES

SÉMINAIRE INTERRÉGIONAL SUR LE RÔLE DES
OPÉRATIONS DE LEVÉS HYDROGRAPHIQUES ET TERRESTRES
ET DE L'ÉTABLISSEMENT DE CARTES DANS LES PROGRAMMES
DE PLANIFICATION NATIONALE

Patronné par
L'ORGANISATION DES NATIONS UNIES
DÉPARTEMENT DE LA COOPÉRATION TECHNIQUE POUR LE DÉVELOPPEMENT

L'AGENCE CANADIENNE DE
DÉVELOPPEMENT INTERNATIONAL

LE MINISTÈRE DE L'ÉNERGIE, DES MINES
ET DES RESSOURCES

Ce certificat est présenté à

Frank Heggi

in recognition of his valuable contribution to
the success of the Seminar

le Directeur de la Division
des Ressources Naturelles et de L'Énergie

Nicky Beredjick
Director
Natural Resources and Energy Division

Ottawa, November 8, 1985

en reconnaissance de sa précieuse contribution
au succès du séminaire

le Directeur du séminaire

Jean R.R. Gauthier
Director of Seminar

Ottawa, le 8 novembre 1985

Canadä

26 kép: Egy, a fáradozásom elismeréseként kapott oklevél

Tekintettel azokra az észrevételekre, amelyeket az ottawai konferencián tettem, megkértek, hogy a következő évben Winnipegben egy másik találkozón is szólaljak fel; arra kellett koncentrálnom, hogy mire kell ügyelnünk a GIS értékesítő kiválasztásakor. A beszédemet illusztrálandó a kiválasztási folyamatot egy ing vásárlásával hasonlítottam össze. Egy hajszálcsíkos öltönyt viseltem, fehér inget és vörös nyakkendőt. Elmondtam a hallgatóságnak, hogy egy GIS beszerzése az ingvásárláshoz hasonlít.   Mindkét esetben az embernek nagyon óvatosnak kell lennie, hogy ne hagyatkozzon teljességében az értékesítő beszédére, hanem vizsgálja meg a terméket a felhasználási szándékra való tekintettel. Majd megmutattam az ing mandzsetta gombjait és ezt mondtam "Az értékesítő állította, hogy sohasem fognak elkopni, még öt év elteltével is újnak fognak látszani." Rámutattam az ing gallérjára és így folytattam "Az értékesítő azt is mondta, hogy a gallér sem fog elhasználódni." Azért vásároltam meg ezt az inget, mert az eladó biztosított róla, hogy mindössze két dolog van, amire az ingvásárlásnál figyelnem kell. Hátat fordítottam, levettem az ingemet és bemutattam a hátát, amely szakadozott volt. Következtetés: vizsgáljuk meg a terméket minden aspektusból, legyen szó egy ingről, vagy egy GIS alkalmazásról.

1985 nyarán kaptam egy telefonhívást Dr. Abe Abioduntól, aki az ENSZ Világűr Ügyek Hivatalában dolgozott Bécsben, Ausztriában. Dr. Abiodun egy történelmi workshopot szervezett Pekingbe, Kínába, a Világűrbe gyártott termékek békéscélú felhasználásáról. Meghívott, hogy tartsak előadást arról, hogyan hasznosította a B.C. Kormányzat a szatellit képalkotást az ország természeti erőforrásainak menedzsmentjéhez. Elfogadtam a meghívást és beszereztem egy vízumot a Kínai Nagykövetségtől Vancouverben, 1985. október 16-án; éppen időben ahhoz, hogy útra kelhessek október 22-én. Naritán, Japánon keresztül repültem, ahol egy éjszakát töltöttem október 23-án és másnap folytattam repülőutamat Pekingbe. Miután bejelentkeztem a hotelbe, regisztráltam a workshopra és megkértem a tolmácsok egyikét, hogy segítsen nekem megtanulni néhány szót mandarin nyelven. Örömére szolgált elvállalni és néhány órát ezzel a vállalkozással töltöttünk. Előadásom október 25-én pénteken volt.

Szerencsétlenségemre az előző délután, amikor a hotelbe értem, elfelejtettem ásványvizet vásárolni, így péntek reggel skótwhiskey-vel kellett fogat mosnom. Viszonylag jó hangulatban voltam, amikor az előadásomat kezdtem, melyet természetesen diákkal szemléltettem. Mandarin nyelvű köszöntéssel nyitottam meg a beszédemet, megköszönve a kínai szervezőknek a kiváló vendéglátást, és elmondtam, milyen hatalmas megtiszteltetésnek érzem a lehetőséget, hogy részt vehetek ezen a történelmi találkozón. Amikor ezeket a mondatokat mandarin nyelven elmondtam, a hallgatóság soraiban ülő kínai jelenlevők álló tapssal jutalmaztak. A workshop szombaton ért véget, vasárnap, október 27.-én pedig ismét megkértem a tolmácsot, aki segített elsajátítanom néhány mandarin kifejezést, amelyek segítségével néhány óra időtartamra sofőrrel együtt kibérelhettem egy autót, amellyel Pekingi városnézésben lehetett részem. Fél órán belül megjelent a vezető, aki némelyest beszélt angolul és elmondta, hogy lenne egy kormányzati autó a teljes napra. Azt ajánlotta, hogy körbe visz vele. Megkérdeztem mennyibe fog kerülni, mire azt válaszolta, hogy ez egy figyelmességi autó, amelyet a Szervező Bizottság biztosított, hogy így mutassa ki nagyrabecsülését azért a fáradozásért, amelyet tettem néhány mandarin nyelvű szó elsajátítása érdekében. Szándékomat, hogy mandarin nyelven szólaljak meg, nyilvánvalóan a kínai emberek irányába mutatott tisztelet jeleként értelmezték.

Az első megállónk a Tiananmen Square volt, ahol nagy feltűnést keltettem, miközben fényképeket készítettem. Aztán kiautóztunk a Nagy Falhoz, ami különösen érdekes volt. Rácsodálkoztam a hatalmas munkára, amelyet 2000 évvel ezelőtt ebbe a falépítési vállalkozásba fektetniük kellett.

27 kép: A Nagy Kínai Falon állok.

Amikor visszatértem a hotelbe, megköszöntem vendéglátóimnak a szívélyes vendéglátást. Majd csatlakoztam néhány küldött társamhoz vacsorára. Olyan tipikus kínai fogásokat kerestem, amilyeneket Kanadából ismertem, csak hogy megérthessem, hogy a kanadai változatok többsége Kantonese, tehát Pekingben abban az időben nem áll rendelkezésre. Október 28.-án elutaztam Pekingből; néhány kedves emléket vittem magammal és az emberi történelem nagyobb megbecsülését ezen a Földön.

1988-ban kaptam egy másik lehetőséget is, hogy ellátogassak Kínába egy projekt kapcsán, melyet a Kanadai Nemzetközi Fejlesztési Ügynökség (CIDA) finanszírozott. A projekt 1984-ben kezdődött, és Integrált Intenzív Erdőmenedzsment (IIFM) elnevezés alatt futott. Kanada több mint 10 millió dollárral járult hozzá, és ennek a hozzájárulásnak az eljuttatása a CIDA felelősségi körébe esett. A versenyeztetési eljárásban sok kanadai cég részt vett, a CIDA szolgáltatás kivitelezésével egy konzorciumot bíztak meg, amelynek tagjai a T.M. Thomson & Associates & Reid, Collins & Associates, hogy felelős kanadai kivitelezési ügynökségként járjanak el a kanadai hozzájárulás célba juttatása ügyében. Engem a B.C. Kormányzat megbízott azzal, hogy értékeljem ki, hogyan valósították meg az erdőnyilvántartásba vétel egyes elemeit. Először Pekingbe repültünk, ott töltöttük az éjszakát, majd másnap tovább indultunk Harbinba. Néhány napot ott töltöttünk és kínai hivatalnokokkal találkoztunk. A második éjszaka, a kanadai delegáció, amely nyolc emberből állt, beleértve a Kanadai Nagykövetség altitkárát, aki Harbin kormányzó helyettese bankettjének vendéglátója volt. Amikor kinyitottuk az étlapot, kibetűztem a vendéglátónk nevét: "Társadalmi kapcsolatok minisztériuma". Nos, néha a fordítások egy másik értelmet adnak ki.

A következő napon vonattal utaztunk a projekt helyszínére, amely Langxiang volt, Heilongjiang tartományban, Kína északi részén. A kormányzati vendégházban maradtunk, és kitűnő vendéglátást élveztünk. A találkozók jól szervezettek voltak, minket pedig elvittek egy városnéző körútra, hogy megnézzük a piacot és más látványosságokat. Ismét tanultam néhány Mandarin szót, és valódi kínai konyhaművészetben volt

187

részem. Egyik a másikhoz vezetett, meghívtak, hogy készítsek magyar gulyást a kanadai vendégek és vendéglátóink számára. Kimentünk a piacra, hogy sertéshúst (marhahúst nem lehetett kapni) és más hozzávalókat vásároljunk (legalább is amit be tudtunk szerezni). A gulyáshoz köretként rizst készítettem, majd mindannyian megtanultunk evőpálcikával enni. Megtanultam, hogy az egymás kultúrájában való osztozás eredményesen kommunikálja kölcsönös tiszteletünket egymás iránt, még akkor is, hogy teljesen különböző háttérrel rendelkezünk.

Az egyik este folyamán éppen vacsorára láttak vendégül bennünket, a tolmácsok egyike megbetegedett, én pedig azon kaptam magam, hogy egy kínai erdőmérnök mellett ülök, aki egyáltalán nem beszél angolul. Mivel Langxiang az orosz határ közelében helyezkedett el, megpróbáltam rájönni, hogy beszél-e oroszul. Amikor megkérdeztem, oroszul válaszolt. Képesek voltunk egy udvarias párbeszédet lebonyolítani. Most, hogy beszélgettünk, mivel ő kínai származású volt, rögtön átvette a házigazda szerepét. A felszolgált italok borból és kínai fehér likőrből álltak, amelynek kínai neve maotai.

Vendéglátóm felemelte a poharát és így szólt. "Ganbei" ("Fenékig"). Ismeretesen jól bírom az alkoholt, de ekkorra már kétszámjegyűre emelkedett az elhangzott ganbei-ek száma, többnyire a maotainak nevezett tüzesvíz kedvéért. A bankett végén a házigazdámnak segítségre volt szüksége, hogy kitámolyogjon a teremből, mivel úgy érezte, mintha a lábai gumiból lennének. Az asztal fölött átbámultam a kanadai altitkárra, Mr. Hendersonra és nejére, akik igen jól szórakoztak azon, ami történt. Azt mondták, az én hibám, hogy a házigazdám lerészegedett. Megsértettem a helyi szokásokat.

Megpróbáltak figyelmeztetni, de nem értettem meg a jelzéseket. Az volt az igazság, hogy megvan az a szokásom, hogy a kezemben tartom a poharamat a társas tevékenységek folyamán. A helyi szokásnak megfelelően, ha megérintem a poharat, miután letettem, a pincér kötelessége, hogy újra feltöltse; mire a házigazdám viszonzásképpen köteles így szólni: "Fenékig".

Miután két hetet töltöttem Langxiangban, Bankokba, Thaiföldre utaztam, ahol meghívott előadóként a földhasználat megtervezéséhez kifejlesztett operatív GIS kulcsfaktorairól kellett előadást tartanom egy workshopon, amelyet az ENSZ szervezett az ESCAP/UNDP program keretében.

1988 elején Dr. Leo Sayn-Wittgenstein, a Kanadai Távérzékelési Központ főigazgatója ellátogatott Victoriába, a Nyilvántartási Üzletághoz, hogy megtekintse fejlődésünket a távérzékelési és GIS technológiák integrációja vonatkozásában. A találkozót követően meghívtam Leót egy vacsorára saját otthonunkba, és felajánlottam, hogy magyar gulyást készítek. Vacsora után nemzetközi tevékenységekről beszélgettünk, ő pedig megkérdezett, hogy hozzájárulnék-e a személyem jelöléséhez az ISPRS (International Society of Photogrammetry and Remote Sensing; Nemzetközi Fotogrammetria és Távérzékelési Társaság) VII. Küldöttségének elnöki posztjára. Körülbelül ebben az időben, tiszteletünket fejeztük ki egy üveg Egri Bikavér (magyar vörösbor) iránt, és mivel nem ismertem az ISPRS tevékenységét, azt mondtam, rendben van. Úgy tekintettem Leó e gesztusára, mint egy egyszerű elismerésre, és nem számítottam rá, hogy folytatása lesz.

Meglepődtem, amikor egy hónappal később Kanada

megbízásából kapcsolatba lépett velem a Kanadai Földmérési és Térképszerkesztési Intézet (CISM), mely az ISPRS hivatalos tagja volt, arra kérve engem, hogy erősítsem meg, hogy részt vennék az ISPRS XVI. Nemzetközi Konferenciáján, melyet Kyotoban Japánban tartottak. Azt mondtam, erre nem számítottam. Sőt egyáltalán nem is tudok erről semmit. Tudomásomra hozták, hogy ez komoly problémát jelentene, mivel Kanada jelölésre továbbította a nevemet a VII. Bizottsági Elnöki posztra. Felelevenítettem a vacsorával egybekötött találkozónkat Leóval és az Egri Bikavér elfogyasztásának örömét, és gyorsan visszakoztam, hozzátéve, hogy örömmel tennék eleget a kötelezettségvállalásnak, amit Leó felé tettem. Megkértem őket, hogy küldjék el nekem a kongresszus részleteit, mert egy ilyen nemzetközi utazáshoz ki kell kérnem a miniszterek jóváhagyását.

E-mailben elküldték az információkat, majd amikor láthatóvá vált számunkra, hogy ez B.C. számára egy megtisztelő lehetőség, engedélyezték számomra a részvételt; a költségeket a B.C. Kormányzat állta.

Amikor 1988. július 3-án megérkeztem Kyotóba, egy megbeszélésre hívtak, melyet Dr. Robin Steeves, a CISM elnöke szervezett, amelyen Hugh O'Donnell, , a Szövetségi Energia, Bányakincs és Erőforrások (EMR) miniszterhelyettesi asszisztense is részt vett, aki a Nemzeti Földmérési, Térképszerkesztési és Távérzékelési Program felelőse. Hugh jelezte, hogy az EMR pénzügyi támogatást kíván nyújtani ehhez a tevékenységhez, mert láthatóan ez a terület fontos volt Kanada számára, mivel a kanadai ipar számára jelentős lehetőségek nyílnának a nemzetközi küzdőtéren, különös tekintettel arra, hogy a GIS projektek ajánlattételi szakaszba léptek. Tájékoztattak róla, hogy komoly versenyhelyzetnek nézünk elébe a

Szovjetunióval és Angliával ezért a pozícióért.

Találkoztunk kanadaiakkal, akik megjelentek a kongresszuson, és Dr. Pam Sallaway önként vállalta a kampányelnöki feladatokat, Dr. Mosaad Allam asszisztensi támogatásával. Hagyományosan a Technikai Küldöttség elnökei vagy egyetemekről, vagy a kutató intézetekből érkeztek, melyek új fotogrammetriai technikák kifejlesztésére fókuszáltak. Az Angliából érkező delegáció megkereste Hugh-t és engem, és azt javasolták, hogy lépjünk vissza a megszégyenülés elkerülése végett. Jelöltjük a londoni egyetem egy híres professzora volt, és arra számítottak, hogy megnyeri a versenyt, bár a Szovjetunió szintén egy ismert tudóst nevezett az Űrkutatási Ügynökség képviseletében. Ez a kanadai csapatot még inkább lelkesítette, hogy keményebben küzdjön a kampány során. Hugh O'Donnell, aki tökéletesen beszélt franciául, volt a francia delegáció füle; Pam Sallaway mélyen tisztelt tagja volt a GIS közösségnek és a tudós nők körének; Mosaad Allam (eredetileg Egyiptomi származású) eredményesen kampányolt az arabnyelvű delegáltak között; nekem pedig jó kapcsolataim voltak kínai, thaiföldi és szovjet uralom alatt élő államokbeli delegáltakkal. Izgalmasnak találtam elindulni a választáson, amikor a sikerünk esélye kicsinek tűnt a nemzetközi közösség szemében. A másik lehetőség pedig az volt, hogy merjük megtenni a következő lépést.

Tartottam egy diabemutatót a GIS és a Távérzékelés integrálásához kapcsolódó munkánkról, és utaltam az ISPRS előtt álló hatalmas lehetőségre, hogy az akadémiai környezetből kinőve olyan tevékenységek felé forduljon, ahol tudásukra nagy szükség van, de olyan terminológia használatával, amit a felhasználók meg tudnak érteni.

A szavazás elkezdődött. A brit jelölt kapta a legkevesebb szavazatot, úgyhogy ki kellett szállnia. A következő körben Kanada legyőzte a Szovjetuniót, és engem választottak meg a GIS és Távérzékelési Alkalmazások VII. Grémium elnökévé.

Az ISPRS Ügyvezető és Műszaki Grémium Elnökei évente egyszer találkoznak a világ országainak egyikében. 1989-ben Zürichben, Svájcban találkoztunk. 1990-ben Victoriában én voltam a rendezvény házigazdája. 2001-ben a találkozót Glasgowban, Skóciában tartottuk, 2002-ben pedig Washington D.C.-ben ültük össze, a XVII. Nemzetközi Kongresszus alkalmából. Mindegyik Műszaki Grémium Elnöknek szerveznie kellett egy-egy középtávú szimpóziumot. Én szerveztem meg a Komisszió VII. Szimpóziumát Victoria B.C.-ben; a rendezvény időpontja 1990. szeptember 17-21 volt. Huszonhárom ország több mint 240 dokumentumot nyújtott be; ezeket a Tudományos Bizottság bírálta el, és 192-t emeltek be a négy egyidejűleg futó ülés anyagába.

Volt két plenáris ülés, az egyik a konferencia kezdetén, kedd reggel, a másik a rendezvény végén, pénteken. Tizenkét workshopra került sor, melyek következő témákat fedték le: Földrajzi Információs Rendszer (GIS) Koncepciók; GIS alkalmazások a menedzsment számára; GIS alkalmazások operátorok számára; Szatellit Képkiértékelő (SIA) Koncepciók; SIA alkalmazások operátorok számára; Fotogrammetria és Fotóinterpretáció Koncepciók; Légi felvételek Kiértékelése; Radar koncepciók és alkalmazások; Szakértői rendszerek és

Mesterséges Intelligencia; Távérzékelés Tanárok és Oktatók számára; Környezeti terhelésvizsgálat és Monitoring. Több mint 400 nemzetközi küldött vett részt a szimpóziumon. Az ISPRS Komisszió VII elnöki megbízatásom az 1992. évi kongresszusig tartott, amely Washington D.C.-ben került megrendezésre. Mindegyik Komisszió Elnöknek feladata volt, hogy workshopokat szervezzen a tudományos felelősségi körébe eső területen. Én huszonhárom különböző workshopot szerveztem, amelyeket 1992. augusztus 3-14-e közötti periódusban tartottam. Mindegyik a futurisztikus technológiára koncentrált a fotogrammetria és a távérzékelés területén.

A résztvevők száma minden elvárást felülmúlt.

193

Önkéntes munka

Most, hogy Kanadában éltem, úgy hittem, itt az ideje, hogy adósságomat a társadalomnak visszafizessem. A segítő kezek, melyeket sok-sok ember a szükség idején felém nyújtott, tették lehetővé, hogy ilyen messzire juthassak az életben. Első önkéntes munkám a Sault Pee Wee Minor Hockey Association-nél volt. PR igazgatóként dolgoztam náluk, cikkeket írtam napilapokba, televíziós megjelenéseket vállaltam, hogy nyilvánosságra hozzuk a társaság jó munkáját, valamint szponzorokat kerestem a különböző hockey csapatok számára. Illetve segítettem a Pee Wee B csapat menedzselésében.

Miután 1971-ben kigyógyultam reumás izületi gyulladásomból, megtanultam bot nélkül járni. Akkor elhatároztam, hogy megtanulok korcsolyázni. Fiatal éveimben, míg Magyarországon éltem, sohasem volt rá lehetőségem, hogy korcsolyázzak. Amikor a Pee Wee B csapat edzője lettem, a csapat a megelőző évben az utolsó helyen állt. Alulteljesítettek, az egyesület nem tudott edzőt találni nekik, így önkéntesen elvállaltam. Azt terveztem, hogy a edzésekre beszervezek egy korosztályukbeli csúcsjátékost, hogy megtanítsa nekik azokat a készségeket, amelyekre a játék során szükségük van. Az én feladatom az volt, hogy motiváljam a játékosokat, hogy önbizalmat adjak és irányítsam a játékosokat a mérkőzéseken. Mindegyik játék előtt megkérdeztem őket: "Ki a legjobb csapat?"

"Mi vagyunk." - válaszolták.

195

"Nem hallottam." - mondtam nekik.

Nagyobb lelkesedéssel megismételték: "Mi vagyunk!"

Néhányszor megismételtük ezt, mielőtt a pályára kimentek, hogy mindenki lázba jöjjön. A harmadik vonalam játékideje egyezett a másik kettővel, és egyik játékossal sem üvöltöttem sohasem (ami különbözött más edzők gyakorlatától). Megdicsértem a jó játékot és bátorítottam a játékost, hogy amikor ő landolt a kapuban a korong helyett; ilyenkor ezt mondtam "Legyen nagyobb szerencséd legközelebb. Folytasd a jó munkát."

A csapatunk az utolsó helyről az elsőre fejlődött fel és 1972 tavaszán mind a Liga, mind a Bajnoksághosszabbító játékokat megnyerték. A csapatot a Lakeshore Kiwanis Club szponzorálta, legyőzött ellenfelünknek pedig az ACT nyújtott támogatást. Közvetlenül azután, hogy a bajnoksághosszabbítást megnyerték, limonádét vásároltam a játékosoknak; az ACT edzője, Con Lauber átjött hozzánk, hogy gratuláljon nekem, amikor segített az ACT képviselőjének italt vásárolni a saját csapatának.

Bevittem az italokat az öltözőbe, majd visszatérőben Connal beszélgettem. "Jó szponzorotok van." - mondtam, "Akkor is megveszi a limonádét a gyerekeknek, hogy éppen veszítettek." Megnyertük a bajnokságot, de a Kiwanis Clubtól senki nem érkezett. Az ember azt gondolná, hogy legalább az évadzáró meccsre kijön valaki."

Con elmosolyodott és ezt a magyarázatot adta: "A Kiwanis bankettet fog tartani a játékosoknak és szüleiknek. Nagyon büszkék a csapat teljesítményére és arra, ahogy edzetted őket."

"Ezt honnan tudod?" - kérdeztem.

"Mert én vagyok a Lakeshore Kiwanis Club elnöke." - válaszolta. Con azzal folytatta a mondanivalóját, hogy szeretne meghívni, hogy csatlakozzak a clubhoz. Miután kinyitottam a szám, hogyan is utasíthatnám vissza?

1972-ben tagja lettem a sault ste mariei Lakeshore Kiwanis Club-nak. Az 1972-73-as jégkorongszezonban, megint a Kiwanis által szponzorált csapatot edzettem. A fiam, Michael úgy döntött, csatlakozik a csapathoz. Elég jól játszott ahhoz, hogy megnyerje a csapattagok szavazatát és csapatkapitány legyen. Egy örömteli játékszezont töltöttünk együtt és ismét megnyertük mind a Ligát, mind a Bajnoksághosszabbító Játékokat. Különleges jutalmat jelentett a számomra, hogy Michaellel együtt dolgozhatok a jégen, mivel én még mindig csak tanultam a korcsolyázást. Con részt vett az utolsó meccsen és azzal ugratott, hogy a Kiwanis Club tagjaként, most az én kötelességem, hogy panaszkodás nélkül megvegyem a limonádét a gyerekeknek.

28 kép: Én készítettem fel a Kiwanis csapatot a bajnokságra. A fiam, Michael volt a csapatkapitány.

1973-ban megkérte, hogy legyek a Novice Tournament Team menedzsere, Walter Dubas edző mellett. Walter mellett rengeteget tanultam a jégkorongról; ő korábban a Sault Greyhounds csapat, egy jelentős utánpótláscsapat az Ontario Hockey League-ben, edzője volt. Kezdőjátékosunk Ronnie Francis volt. A No.10 feliratú mezt kapta. Ezt a számot az National Hockey League-ben is megtartotta, ahol két csapatkapitánya volt.

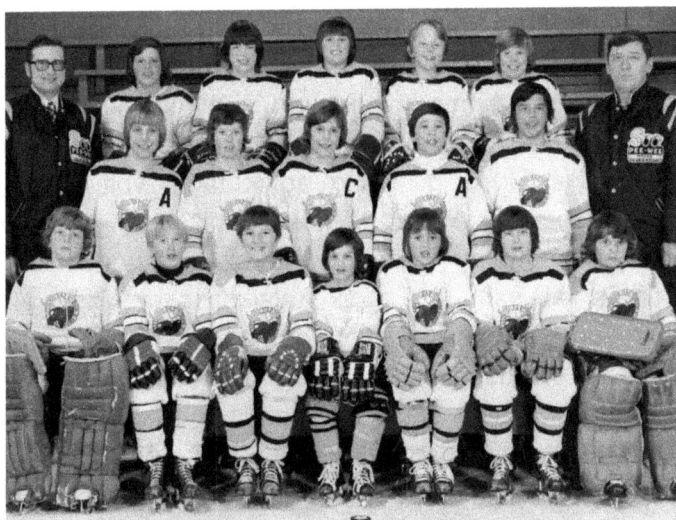

29 kép: A Novice Tournament csapatát menedzseltem. A csapatkapitány Ronnie Francis volt, akiből NHL kapitány lett.

1973-ban a Kiwanis Fenntartó Bizottságának elnöke is voltam. Közös nagy projektünk a faültetés volt Sault Ste Marie új városrészében. Először körbejártunk a környékbeli házakban és megkérdeztük a tulajdonosokat, hogy szeretnék-e, ha Kiwanis a házuk előtti részre fát ültessen. Ha azt válaszolták, hogy igen, akkor megkértük őket, hogy ássanak egy gödröt a specialistáink számára néhány nappal Arbor Day (Fák Napja) előtt.

A Kiwanis megvásárolta a fákat, amelyek öt-hat láb magasak voltak. A Fák Napján aztán teljes erővel a helyszínre érkeztek a Kiwanis tagjai, és lebonyolították a kiszállítást és az ültetést. Egy aktív bizottság elnökeként, valamint a jégkorongcsapat edzőjeként 1973 végén egy rangos díjat nyertem el. *Az év Kiwanistája.*

Folytattam az önkéntes munkát a Kiwanisnál, amikor 1974-ben Victoriába költöztünk; csatlakoztam a helyi Kiwanis Club-hoz. Az első évben megkértek, hogy legyek az Ifjúsági Szolgálati Bizottság elnöke; ez a szervezet korábban nem volt jelentősebben aktív. E bizottság egyik tagja volt Dick Ward felügyelő, a Victoriai Rendőrségtől. A bizottság nyolc tagot számlált, mindegyikük azon igyekezett, hogy egy-egy projektötletet találjon. Az egyik találkozónkra Dick elhozta Constable Ken Dibdent. Ken motoros rendőr volt, és tartott egy előadást a bizottságunknak az olyan fiatalokkal való együttműködés ötletét népszerűsítendő, akikről a bíróság kimondta, hogy megvan bennük a lehetőség, hogy kivezető utat találjanak a bajból. Ken felvetése az volt, hogy ha a Kiwanis vásárolna tíz motort, hetvenöt Country Cross terepjárómotort, ő és néhány kollégája szombatonként elvinnék a gyerekeket, hogy megtanítsák őket, hogyan kell motorozni.

Kidolgoztunk egy költségvetést és dokumentáltuk, hogy működjön a program, belevéve annak társadalmi hasznosságát is. Egy prezentáció keretében bemutattam az anyagot a Kiwanis Club igazgatói tanácsának. A testület jóváhagyta a költségvetést és volt egy jó projektünk, amely minden évben bővült egy kicsit. Még egy kisteherautót is meg tudtunk vásárolni, hogy azzal szállíthassuk a motorokat. A kisteherautó két oldalára a következő felirat került: "A Kiwanis Kerekek projektet a Victoriai Rendőrség és a Kiwanis Club Victoria szponzorálja."

Mivel ez a projekt nagyon sikeres volt, kedvező publicitást szerzett a Kiwanis számára a napilapokban és a televízióban; 1976-ban megint jelöltek az év Kiwanistája díjra.

Mindegyik gyermek jégkorong egyesületnek volt egy versenycsapata a négy kategória (pee-wee /pisis/; bantam /kis törtető/; midget /liliputi/; junior B) egyikében Fáradozásaim kedvező fogadtatásra találtak és létre hoztuk a South Vancouver Island Minor Hockey Association-t (SVIMHA). 1977 júniusában megválasztottak a szervezet alapító igazgatójává.

Még a jégkorongszezon kezdete előtt elhívtak egy megbeszélésre Ken Kinggel, a Harbor Tower Hotel menedzserével, hogy megbeszéljük Victoria vendéglátói lehetőségeit egy jégkorong bajnokság vonatkozásában, melyet a nyugdíjas korosztály számára játékosok terveztünk. Megkértem néhány SVIMHA ügyvezetőt, érdekeltek vagyunk-e a részvételben. A megbeszélést 1977. augusztus 19-én, pénteken tartottuk. Jim Orr, a Canadian Oldtimers' Hockey Association (COHA) műszaki igazgatója és a Canadian Oldtimers' Hockey Association (COHA) döntőbírója, készített egy prezentációt a szervezetről. A COHA-t 1974 októberében John F. Gouett alapította Reterborough-ban, Ontarióban. Az Első Nemzeti Veterán Jégkorong Bajnokságot Peterborough-ban, Ontarióban tartották, 1975 februárjában. A szervezet legnagyobb sikere, mely ötven hat csapatot és több mint 1000 játékost számlált, az alapítvány volt, melyet John a COHA, mint nemzeti sportegyesület érdekében, saját fejlesztésére használt fel. A COHA-t Kanada Kormányzata (Recreation Canada) olyan szervezetként ismerte el, amely programokat és szolgáltatásokat kínál a tagjainak Kanada szerte és nemzetközi viszonylatban.

Jim elmondta nekünk, hogy az első éves Csendes-óceáni Bajnoki Kupamérkőzést 1977 januárjában szárazföldön tartották. Egészen sikeresnek mondható volt, bár azt gondolta, hogy Victoria város sokkal megfelelőbb helyszíne lenne az évente megrendezésre kerülő mérkőzéseknek. Victoria éghajlata januárban kedvezőbb volt, és a városban található hotelektől félórányi távolságra tíz jégkorong-pálya is volt. Ken King, aki a Victoria Turisztikai Hivatalnak is tagja volt, azonnal meglátta a turisztikai holtszezonban (január) Victoriába érkező ötven veterán jégkorongcsapatban rejlő előnyöket.

Jim Orr felvázolta azokat a forrásokat, amelyekre szükség volt, hogy egy körülbelül ötven csapatot számláló bajnokságot működtetni lehessen. Elmondta, hogy az arénán kívül szükség lenne egy több mint 200 önkéntest koordináló, körülbelül húszfős Vendéglátó Bizottságra is. Ekkora már sikerült hírnevet szereznem a kisgyermek korosztályú hockey területén, így képes voltam önkénteseket szerezni a különböző jégkorongos tevékenységekhez; az SVIMHA ügyvezető tagjai, akik a megbeszélésnél jelen voltak, engem ajánlottak a Vendéglátó Bizottság elnökéül. Jim Orr jól érezte magát a döntéssel, hogy mi legyünk a bajnokság házigazdái.

A rákövetkező szombaton, augusztus 20.-án, összehívtam a SVIMHA ügyvezetőket egy találkozóra, és elkezdtünk tagokat toborozni a Vendéglátó Bizottságba. Kedd táján, augusztus 23-án, már több mint 200 önkéntesünk volt. Ezt követően, az önkéntesek egyik így viccelődött: "ha Frank Hegyi így szól hozzád, had hívjalak meg egy sörre", fuss, mert ez lesz a legdrágább ital, amit valaha ittál."

A bajnokság különleges vendége a legendás jégkorongozó, Fred (Cyclone) Taylor volt, aki a korong leejtésével elindította a játékot, majd átvett egy ajándékot Victoria Kormányzójától, Michael Youngtól.

A bajnokságon ötvenkettő csapat vett részt, összesen kilencvenhat játékot játszottak le öt arénában városszerte. Az idelátogató csapatok mindegyikét bérelt buszokkal szállították a hotelből a játékok helyszínére és vissza. Az én hadiszállásom a Harbor Towers Hotelben volt, a Vendéglátó Bizottság számára a Victoria Amateur Radio Club biztosította a kommunikációs lehetőséget (ez még a mobiltelefonok kora előtt volt).

A következő tartományok és államok képviseltették magukat a bajnokságon: Ontario (három csapat), Manitoba (két csapat), Saskatchewan (hét csapat), Alberta (huszonegy csapat), Yukon (egy csapat), British Columbia (tizenöt csapat), California (egy csapat), Washington (egy csapat) és Alaska (egy csapat). Úgy becsültük, hogy a játékosok és a velük utazó szurkolók (többnyire házastársak) száma körülbelül harminc fő, így a bajnokság hetenként 1500 látogatót vonzott Victoriába, s mivel mindegyikük legalább 1000$-t költ ez alatt az időtartam alatt, ez több mint 1.5 millió $-os üzleti bevételt jelent. A bajnokság sikerére való tekintettel, a United Commercial Travelers-től a szervezet éves bankettjén megkaptam az Év Üzletembere díjat, illetve a Victoria Turisztikai Hivatal tiszteletbeli meghívottja lehettem az Elnöki Díjátadáson.

Elkezdtem szervezni a Harmadik Éves Bajnokságot, de 1999 decemberében átadtam az elnökséget Jack Hennisnek, tekintettel munkahelyi elfoglaltságomra az új, ügyvezető igazgatói munkakörömben az B.C. Erdészeti Szolgálat Nyilvántartási Üzletágában. Jack a következő 25 évben a vezetőség tagja maradt, és a résztvevő csapatok átlagos mennyisége minden évben felülmúlta a 110-et.

A harmadik éves bajnokságot követően fokozatosan kiszálltam a jégkorongból, és a karrieremre összpontosítottam. Ám Ken King, aki meglehetősen aktívan vett részt a United Commercial Travelers of America (UCT) tevékenységében, engem is bevont a szervezetbe és 1984-ben a Victoria Chapter elnöke (senior tanácsadója) lettem; ugyanebben az évben Ken nemzetközi elnök (legfőbb tanácsos) lett. Ken beiktatását a Las Vegas-i Grand Hotelben tartották. Rose és én részt vettünk a hivatalos ceremónián.

Én kaptam meg a megtiszteltetést, hogy a Victoria 434. Körzeti Városi Tanács megbízásából befogadjam a legfőbb tanácsos zászlaját. Abban állapotunk meg, hogy fehér nadrágot és két inget fogok viselni a rendezvényen. Szerencsétlenségemre, a nadrágot az utolsó pillanatban szereztem be, és jutott idő a fenékrész méretre igazítására. Így tehát csak fogtam a nadrágot és elvittem Las Vegasba, abban a reményben, hogy ott meg tudom csináltatni. Péntek este értünk oda. Másnap reggel futni indultam. A futósáv mentén láttam egy boltot, amely ruhajavítási szolgáltatásokat nyújtott. Visszamentem a hotelbe, átöltöztem és magammal vittem a nadrágot. Bementem az üzletbe és megkérdeztem, hogy soron kívül meg tudnák-e igazítani a nadrágot; én a helyszínen megvárnám, míg elkészül. A varrónő azt válaszolta, hogy sürgős munka esetén a tulajdonossal kell beszélnem. Odament a tulajdonoshoz, aki körülbelül velem egy idős volt, egy vonzó hölgy, aki ismerősnek tűnt, mintha már láttam volna valahol. Miután elmagyaráztam neki a dilemmámat, hogy este szükségem lenne a nadrágra, beleegyezett, hogy a helyszínen megvárjam, amíg a munka elkészül. Aztán megkérdezte a nevemet, én pedig angolos kiejtéssel mondtam ki; ami körülbelül így hangzott: Hedgyi.

"Le tudná betűzni, kérem?" - kérte a hölgy. Megtettem. "Szégyellje magát" - mondta erre, "A maga nevét nem így kell kiejteni." Majd tökéletes magyar kiejtéssel kimondta.

Nagy benyomást tett rám és megkérdeztem: "Honnan tudja, hogyan kell helyesen ejteni?"

Magyarul válaszolt: "Mert az én családnevem is Hegyi."

Miután információt cseréltünk, rájöttünk, hogy távoli unokatestvérek vagyunk. Sovány vigasz, amikor ennek ellenére is kiszámlázta a teljes munkadíjat. Ez is amellett szólt, hogy az apai ágon rokonom (a nagy teherbírásúak!)

1980-ban továbbléptem a 200 tagot számláló victoriai Kiwanis Club-ból, hogy kisegítsek egy új környékbeli egyesületet, a Kiwanis Club Gordon Head-et, amely az előírás alatti létszámmal rendelkezett (kevesebb, mint 20 főből állt). 1981-ben választottak a csapat elnökéül, azzal a kitétellel, hogy új tagokat szerzek. 1982 végére negyvenötre növekedett a tagok száma, és a közösségnek rengeteg jó projektje volt, beleértve egy szolgáltóklub bérlését a Victóriai Egyetem hallgatói számára.

1984-ben megválasztottak kormányzó hadnagynak a Kiwanis International Csendes-óceáni Észak-nyugati Kerületének 17. Körzetében. Vezetői tréningre jártam és club adminisztrációs tanfolyamra, melyeket Chuck Clutts, a körzeti kormányzó vezetett, kötelező volt körzeti igazgatósági üléseket részt vennem, amely háromhavonta rendszeresen összeült; az ülések többnyire Washingtonban és Oregonban voltak. Feladataim közé a klub tisztségviselői számára nyújtandó vezetői tréningek voltak, a tíz körzetünkben található Kiwanis Club tekintetében, valamint évi három alkalommal motivációs beszélgetést kellett tartani a klubbok mindegyikében, illetve a Kiwanis jó munkáját kellett reklámoznom. Mivel ezeknek a találkozóknak ebéd vagy vacsora is a része volt, a klubtól függően, és rengeteg ilyen megbeszélésen kellett részt vennem, elkezdtem hízni.

Amikor észrevettem, hogy a súlyom 30 fontot (13,6 kg) gyarapodott, csatlakoztam a victoriai Nautilus Clubhoz, és elkezdtem aerobik órákra járni. Egy évnél rövidebb időtartam alatt leadtam a 30 fontot, és nagyon sportosnak éreztem magam. Ez segített az izületi problémáim ellenőrzés alatt tartásában, szombat reggelenként pedig, meg tudtam jelenni a másfél órás szuper izzasztó órákon, amelyeket két edző tartott szünet nélkül. Most hogy olyan emberek társaságába jártam, akik elkötelezték magukat a fitnesz irányába, bátorítottak, hogy indítsak egy éves fitnesz fesztivált. Az elsőt 1984. március 9-10-11.-én tartottuk. Tizenhárom sportágat vontunk be, és több mint 1000 harminc éves, vagy idősebb sportoló vett részt. A fesztiválon szereplő sportágak az aerobic, a tollaslabda, a bowling, a kerékpár, darts, női terem hockey, tájfutás, rugby, 10 km futás, slow pitch, amerikai futball, nyílt- és fedett pályás tenisz. Öt éven keresztül működtettük ezt az eseményt, amely jó reklámnak bizonyult a fitnesz testi vonatkozása számára.

Lehetőséget kaptam, hogy a Rogers's Közösségi TV adó két produkciójában társszerző legyek (1987 és 1988 évben). Mindkettő egy húszperces műsor volt, az általam szervezett sportfesztiválokról készült interjúkat tartalmazta, az előző évi események kivonatát, illetve egy edző által bemutatott aerobik órát, melyen én is részt vettem. Nagyon boldog voltam akkori fizikai állapotommal, tekintettel arra a tényre, hogy tizenöt évvel korábban a tolószék lehetőségével kellett szembenéznem.

Professzionális aerobik edzők tartottak formában a TV műsorban. 1985-ben kineveztek Kerületi Körzeti K. Adminisztrátornak, a Kiwanis által szponzorált ifjúsági szervezetek felelősévé, főiskolai szinten. A terület, amelyért felelős voltam, Oregon, Washington, Alaska és Idaho állam egy részét fedte le, illetve British Columbia tartományt. Élveztem a főiskolai diákokkal való közös munkát, akik lelkesedéssel ajándékoztak időt olyan emberek számára, akik kevésbé szerencsések voltak. Miközben én annak felelőse voltam, hogy vezetői tréninget tartsak a kormányzó őrnagyoknak és a kerületi kormányzóknak, megpróbáltam ezt magánkörben elvégezni, és megengedtem, hogy barátaik körében tevékenykedjenek ilyen módon. További három évvel meghosszabbították a kinevezésemet 1989-ig. Úgy tekintek életemnek erre az időszakára, amely a legtöbb elismerést hozta a számomra. Az emberi fajba vetett hitem megújult, miközben ezekkel a nagy felelősségérzetű, gondoskodó fiatal férfiakkal és nőkkel dolgoztam, észre véve, hogy vezetők származnak belőlük a jövőben, akik sok életet befolyásolnak majd pozitív értelemben.

1986-ban aerobik órákat tartottam a Körzeti K Kerületi Igazgatósági üléseken és az éves gyűléseken. Elmondták, hogy nagyra értékelték ezeket az üléseket, különösen mert a Körzeti K-sok hajlanak rá, hogy a Kiwanistákat öreg uraknak és idős hölgyeknek tekintsék. 1988-ban megkértek rá, hogy aerobik órákat tartsak a Miami-i Nemzetközi Konvenció alkalmával. A programban szerepelt egy reggel 7 órai torna, melyre körülbelül ötven diák jött el. A rákövetkező évben meg kellett ismételnem ezt az előadást a St. Louis-i Nemzetközi Konvenció alkalmával. Az előző két év munkájáért a Circle K International *Megkülönböztetett Adminisztrátori* díjjal tisztelt meg.

1990-ben a Csendes-óceáni Észak-nyugati Körzet kormányzójává választottak a Kiwanis International-on belül. Ez a Kiwanis szervezet egyik legnagyobb kerülete volt. Ebben az évben 440 klubunk volt, amelyek negyvennégy kerületben oszlottak szét, és a körülbelül 10.000 aktív korú férfit és nőt számlált, akik a közösségben szolgáltatás nyújtására kötelezték el magukat. A Kiwanis International elnöke, Dr. Wil Blechman a személyzet segítségével remek tréninget nyújtott mind az ötvenhat kormányzó részére a nemzetközi irodában. A kerületi kormányzóként az igazgatóság, mely negyvennégy kormányzó tisztből állt, elnöke voltam. A munkájuk koordinálásáért voltam felelős, valamint a húsz bizottsági ülnök tevékenységéért. Roset és engem megkértek, hogy tegyünk hivatalos látogatást a divíziók vagy csoportok mindegyikénél, azzal a céllal, hogy további tréningeket és motivációs beszélgetéseket tartsunk a hivatalos találkozókon és bankettek alkalmával.

Hihetetlen évet hagytunk magunk mögött. Negyvennégy alkalommal utaztunk Vancouver Island-re, a hétvégéket a körzetek és klubok divíziók meglátogatásával töltöttük. Ez időben és pénzben is hatalmas vállalást jelentett (több mint 30,000$ költséget jelentett), de a segítségnyújtás lehetősége, a létrejött barátságok egyértelműen értek ennyit. Így nyílt rá lehetőségem, hogy visszafizessem az adósságomat, amivel tartoztam annak a sok embernek, aki segített nekem a Salvation Army hostelben töltött ama éjszaka óta.

Kormányzóként mindig a szívemből beszéltem, jegyzetek nélkül. A témánk az E.S.P. volt. (Expand Service Potential) Kiterjesztett Segítségnyújtási Potenciál a szponzorált ifjúsági program által. Még mindig nagy büszkeséggel tölt el, hogy tagja lehettem a Nemzetközi Igazgatóságnak, amely a leghangsúlyosabb program, amely a Kiwanis zászlajára felkerült: *A gyermekek az első helyen.*

Csatlakozom a magánszektorhoz

1990-ben befejeztük a 7,320 erdő borította terület térképének digitális konverzióját. Amikor úttörő technológiát vezettünk be a hagyományos kormányzati hivatalba, kezdetben izgalmas és sok örömet adó volt a munkánk, a különböző információs rendszer telephelyek sürgőssége a számos minisztériumban tekintélyesen lelassította a folyamatot. Az 1980-as évek végén az információs rendszerek telephelyek igazgatóinak némelyike az ellenőrzés gyakorlását választotta minden komputerirányítású folyamat tekintetében. Ezeknek a vezetőknek nehezükre esett a tény elfogadása, hogy az új munkaeszközök, amelyekkel a kormányzati hivataloknak dolgozniuk kellett. Az igazgatók szerepe inkább a munkafolyamatok támogatása, sem mint az ellenőrzése volt. Az ellenőrzés, amit az ISB vezetők megpróbáltak az irányítási részleg felett gyakorolni, az adófizetők pénzének legnagyobb pazarlását jelentette, amit a kormányzatnál megfigyeltem. Személy szerint nem akartam az időmet *terméketlen* hatalmi harcokkal tölteni. Elhatároztam, hogy nagyobb kihívásokat kínáló környezet, a magán szektor felé fordítom figyelmemet.

Nem sokat tudtam a magánszektorban tevékenykedő cégekről, így Penny Walker, aki rendelkezett megfelelő tapasztalatokkal a magánszektorban, társa lettem. Létre hoztunk egy high-tech céget, a Ferihill Technologies Ltd-t, 50-50%-os részesedéssel. Eladtam a házunkat és jelentős összeget fektettem ennek a cégnek a tevékenységébe. Mivel működő tőkére volt szükségünk, bekasszíroztam a kormányzati nyugdíjamat, hogy ezzel finanszírozzam a céget. Ez egy fájdalmas döntés volt, mert a kormányzat úgy döntött, hogy visszatartja a kiegészítő hozzájárulásokat, majd a felét adóként levonta. Ezzel kapcsolatban még elszámolni valóm van a kormányzattal.

A high tech cégbe való befektetés által tizenöt embernek biztosítottam munkahelyet. A kollégáim némelyike, akik kényszerűségből hagyták el a kormányzatot, mert nem voltak elég éberek a technológiai fejlődésre, nagy összegű végkielégítést fizettek. Sikerre voltam ítélve. A sikertelenség elfogadhatatlan alternatíva volt. Amikor az emberek a döntésem mögött rejlő megfontolásról kérdeztek, így válaszoltam: "Emlékezz rá, amikor szalonnát és tojást eszel reggelire, a tyúk az, amelyik a hozzájárulást teszi, de a malac az, amelyik elkötelezi magát.

Az első termék, amit kifejlesztettünk, az az adatmenedzsment rendszer, amely elektronikus képeket tartalmaz a Corrections Canada számára. Ezt a felvételi és a szabadon bocsátási egység számára készítettük. Amikor a letartóztatottakat elhelyezték, a felvételi és az elbocsátási egység tisztjei digitális képet tudtak készíteni egy videókamera segítségével. Ez még a digitális kamerák hajnala előtt volt. A PC alaplapjára felszereltünk egy képrögzítésre alkalmas szerkezetet, majd összekapcsoltuk egy videókamerával. Kifejlesztettük a szoftvert, amely .jpeg file formátumban rögzíti a képet, majd összekapcsolja egy dbase3 típusú adatbázissal; így személyazonosító kártyák nyomtatása vált lehetővé a bebörtönzöttek számára, a bent tartózkodás időtartamára, valamint a kiengedéskor.

Kibővítettük a rendszert, hogy a személyzet és a kisegítő munkások számára is lehessen személyazonosító kártyákat készíteni. Kanadában tizenkét Javítóintézetben telepítettem ezt a rendszert, köztük a legmagasabb biztonsági fokozatú javítóintézetben is, amely Kent-ben, British Columbiában található. Számítógép-felszerelést vinni egy javítóintézetbe, meglehetősen egyedi tapasztalat volt. Bár tudtam, hogy bármikor átjuthatok az erősen őrzött kapukon és a biztonsági szolgálaton, hátborzongató érzés volt eljutni egyik részlegből a másikba, hallani a nehéz fém ajtók becsapódását a hátam mögött, és várni, amíg a következő kinyílik, hogy átjuthassak.

Be kellett állítanunk a rendszert a képminőségre vonatkozólag egy olyan környezetben, ahol a képminőség nem volt éppen a legjobb. A beállításhoz a bebörtönzöttek álltak a rendelkezésünkre. A lányom Jennifer eljött velem, hogy betanítsa a be- és kiléptető személyzetet, és ezután mindketten ott maradtunk, hogy legalább egy napig segítsünk az érkeztetésben. Ijesztő élmény volt. Amikor a bebörtönzöttek képeit készítettük, sokuk barátságosnak tűnt, de amikor hozzákapcsoltuk az adatot az adatbázishoz, a képernyőn láthatóvá vált a bűnlajstromuk, amely gyilkosságot, lopást és rablást, erőszakot és gyermekzaklatást is magába foglalt. Ezen kívül tanúi lettünk néhány érdekes epizódnak a bebörtönzöttek közötti beszélgetésekben; a büntetésük időtartamát illetően, vagy a színes televízió rossz képminőségére vonatkozólag, vagy a nem megfelelő kikapcsolódási lehetőségek miatt.

A második termék, amit elkezdtünk kifejleszteni, egy Mobil Technikai Iroda (MTO) volt az erőforrás menedzsment területére. Ez a termék digitális erőforrástérképek laptopra történő letöltését tette lehetővé, amelyet aztán Globális Pozicionálási (GPS) és vezeték nélküli adatátviteli rendszerekhez csatlakoztattunk, hogy lehetővé tegyük az erőforrás menedzserek számára, az adatállomány mezőkben történő áttekintését, valamint, hogy a munkához használt honlapokat költségkímélő és biztonságos módon navigálhassák.

Ennek ellenére 1993-ban úgy tűnhetett, hogy az üzleti partnerség nem túl jól működött, ezért elhatároztuk, hogy szétválunk. Pennyé lett az üzlethez kapcsolódó képkészítő rendszer, míg én új név alatt, Hegyi Geo Technologies International Inc. (HGI) folytattam az MTO termékek fejlesztését.

Az MTO lehetővé tette, hogy digitális erdőborítottsági térképeket, erdészeti nyilvántartásokat és hajózási adatokat, elektronikus ellenőrző listákat és formanyomtatványokat, digitális légi felvételeket és a vállalati adatbázis minden más aspektusát, amit elérhetővé lehet tenni egy kézben és írásalapú komputer számára. Laptopokat telepítettünk Globális Pozicionálási Rendszer (GPS) alkalmazásokkal az Erdészeti Szolgálat járművei számára és vezeték nélküli adatátvitellel összekapcsoltuk egy erdészeti állomással. A területi munkát végző személyzet képes volt látni a laptopon, hogy a járművük merre közlekedik, beleértve az útvonaluk nyomon követését a digitális térképen. Ez különösen hasznos volt a bozótban, ahol a szállítási utakon nem voltak közlekedési táblák, és könnyű volt eltévedni. Ennek a technológiának a biztonsági aspektusa szintén fontos volt. Egy olyan rendszert terveztünk, amellyel a területi munkát végző hivatalnokok a laptopról kétóránként automatikusan be tudnak jelentkezni az erdészeti állomásra a "check in" ikonra történő kattintással. A rendszer a számítógépre küldte az Erdészeti Állomás vagy a Körzeti Iroda időbélyeggel ellátott koordinátáit, minden területi tisztviselő vonatkozásában.

Az MTO szoftver különlegessége az a lehetőség volt, hogy visszaélés esetén figyelmeztetéseket és jegyeket állítson ki. Ezt megelőzően, amikor a fakitermelő cég környezetkárosító módon foglalkozott a faáru kitermelésével, mint pl. a vízrendszer esetében, a Területi Hivatalnoknak meg kellett kérni a Körzeti Menedzsert (az ő elöljáróját), hogy kibocsásson egy "munka vége határozatot". Korábban napokat vett igénybe, hogy a Körzeti Menedzser visszatérjen és megtalálja a fakitermelőt. A rendszerünkkel a Területi Hivatalnok képes volt beírni a szöveget a laptopba, a vázlatot vezeték nélküli adatátvitellel elküldeni a felettesének, aki ellenőrizhette és visszaküldött egy "munka vége határozat" jegyet elektronikus úton, az aláírásával ellátva. A Területi Hivatalnok kinyomtatta jegyet egy hordozható nyomtató segítségével, és átadta a cég képviselőjének, aki a szabálysértést elkövette. Ezt a folyamatot húsz percnél rövidebb idő alatt, jelentős költségmegtakarítással végig lehetett futtatni.

A MTO sikertermék lett. A piaci áttörést hozott B.C. kormányzati ügynökségnél, az Alberta Környezetügyi Hivatalnál, a Kanadai Erdészeti Szolgálatnál, az Ontario Természeti Erőforrások Minisztériumánál, Környezet Kanadánál, Egyesült Államok Erdő Szolgálatnál és a magánszektor ügynökségeinél. Nemzetközi viszonylatban az MTO a CIDA-val és a Kanadai Űrrepülési Ügynökséggel együtt Brazíliában, Argentínában, Magyarországon és Oroszországban valósított meg közös projekteket.

30 kép: Mobil Technikai Iroda.

Az üzlet növekvő nemzetközi természetéből kifolyólag, Rose és én elhatároztuk, hogy 1994-ben Ottavába költöztünk, miközben megtartottuk Victoriában lévő irodánkat.   Három évig éltünk egy apartmentben, hogy meggyőződjünk róla, valóban Ottawában akarunk élni. Végülis az éghajlat Victoriában sokkal jobb, és Ottawába való költözésünket barátaink némelyike szinte már bolondságnak vélte. Miután véglegesítettük a döntésünket, elhatároztuk, hogy veszünk egy saját lakást vagy egy házat. A Kilborn Avenue-n nézegettünk ingatlanokat, de nyilvánvalóvá vált, hogy Rose-nak elege volt a városi lakásokból, egy kertes házba akart visszamenni.

Amikor elhagytuk az apartmentházat és visszaindultunk az autóhoz, Rose így szólt: "Ki kell mennem a mosdóban." Mivel nem akart visszamenni a társasházba, azt mondtam, hogy elkanyarodhatnék a Bank utca felé, és kereshetnénk egy kávézót.   Az időjárás meglehetősen nyomorúságos volt. Esett az eső és nagyon hideg volt.   Rosszul kanyarodtam és egy "Behajtani tilos" jelzéssel ellátott utcában találtam magam, ahol új bungalowkat építettek.   Észrevettem a mintaépületet, ezért így

216

szóltam Rose-hoz: "Gyerünk, menjünk be. Használhatod az ottani mosdót."

Így szólt "Rendben, de ne legyünk túl feltűnőek." Te beszélsz az értékesítővel, amíg én bemegyek a mosdóba.

Besétáltunk, az értékesítő hölgy köszöntött bennünket, majd bemutatkozott; Doreen volt a neve. Megkérdezte: "Segíthetek valamiben?"

"Igen" - válaszoltam. Valójában, a nejem ki szeretne menni a mosdóba." Doreen egy széles mosollyal válaszolt, míg Rose szemrehányóan nézett rám, mielőtt elvonult a mosdóba.

Amikor visszatért, körbejártuk a házat. Így szólt hozzám: "Ez pontosan olyan, mint amilyet elképzeltem." Rose kedvelte a nagy belmagasságot, a nyitott konyhát, a kiépített pincét, a kis hátsókertet és a három fürdőszobát!

Felszaladtam Doreenhez és azt mondtam neki: "A feleségemnek tetszik a fürdőszoba, érdekelne minket egy ajánlat."

Doreen nevetésben tört ki és így szólt "Húsz éve adok el házakat, ez pedig egy új." Mivel volt a Royal Bankkal egy előzetesen jóváhagyott jelzálogunk, már másnap meg tudtuk venni a házat.

1997-ben a Working Ventures 1 millió $-t fektetett be a HGI-be, hogy javítson a termékfejlesztésen. 1998-ban nyitottunk Magyarországon egy irodát, amely a szoftver- és hardver fejlesztésre koncentrált az autólopások számának csökkentése és megelőzése érdekében.1999-ben béreltem egy lakást

Budapesten, és időm felét ott töltöttem, hogy irányítsam a szoftverfejlesztési munkát.

1999-ben egy torontói székhelyű cég ajánlatot tett a HGI megvásárlására. Egy szolgáltató cég alapítását tervezték, független teherautósok részére a szállítmányozás területén. Az volt a szándékuk, hogy infrastruktúrát építsenek ki a szállítmányozó és független teherautósok között, az áru címzetthez történő eljuttatása érdekében. A HGI Automata Jármű Lokalizációs (AVL) hardveregységeket biztosított volna a teherautókba, amelyet GPS-szel és kábelmentes adatátviteli lehetőségekkel szereltek fel. A HGI szoftver az üzemközpontból követni lenne képes a független tehergépjármű-flotta mozgását az utcaszintű digitális térképen. A szállítmányozó székhelye is szerepelne ezeken a térképen, illetve a főbb címzettek. A célzott tevékenységek a következőkből állnának:

- A szállítmányozók saját elektronikus rendszerükben adnák fel a áruszállítási igényt, a székhelyükről a kiválasztott áruátvételi helyre; a címzetteket a rendszer automatikusan megjelenítené a digitális térképen.

- A regisztrált teherautók tartózkodási helye a rendszerben ezekkel az igényekkel összevethető módon lenne feltüntetve. Az a teherautó, amelyik a legközelebb van az igényt feladó szállítmányozóhoz, és rendelkezik a tárolási kapacitással, alacsonyabb költség mellett tehetne ajánlatot a munkára, mint azok, akik távolabbi településeken tartózkodnak.

Az új vállalkozás ezt a szolgáltatást díj ellenében nyújtaná. Az üzleti várakozások az eredménynél optimistábbak voltak, úgy tűnt, hogy a HGI technológiája számára egy megtérülő lehetőség kínálkozik.

Az értékbecslést elvégzését követően sorkerült a HGI a torontói székhelyű vállalat számára történő eladására. A HGI számára felajánlott vételárat az új cégben, mely a HGI tulajdonosává válik, való részesedésként ajánlották fel, és amely a Bay Streeten 26$ dollár értéktőzsdei befektetést kívánt ezzel megvalósítani. Az én részesedésemet ebben az új cégben körülbelül 2 millió $-ra becsülték. Az ötlet az volt, hogy még egy évig a HGI ügyvezető igazgatója maradok, ezt követően pedig eladom a tulajdonrészemet és megtervezem a nyugdíjba vonulásomat. Éreztem, hogy elértem a célomat; milliomos lettem tíz év alatt.

1999 őszén a HGI szerződést nyert az Egyesült Államok Törvény végrehajtási Munkacsoportjával, melyet a Minneapolisi Rendőrség koordinált; egy integrált hardver és szoftverrendszer kifejlesztése volt a cél, amely előcsalogatásra és elrejtésre egyaránt alkalmas. Úgy döntöttem, hogy Magyarországon fejlesztem ki a hardver egységeket és a szoftvereket. Béreltem Budapesten egy lakást, és megpróbáltam hozzászokni a magyar életstílushoz.

Magyarországon az élet a kommunizmus bukása után tíz évvel igencsak érdekes volt. Néhány ember, akik még nem sajátították el a vállalkozói szellemet, mint például a húgom, úgy érezte, hogy jobb volt az élet számukra a kommunizmus idején. Volt munkájuk, tető a fejük felett és jutott elég étel az élet élvezetére. Az állam megvédte őket. A vállalkozók, a másik oldalon, teljes gőzzel haladtak előre, hogy kompenzálják a kommunizmus ideje alatti időveszteséget. A népesség általánosságban véve élvezte a szabadságot és a lehetőségeket. Az áruk a boltban bőségesen rendelkezésre álltak, és a tettek szabad, vállalkozó szellemű embereinek a fáradozásai megtérülését mutatták a szép otthonok, a drága autók és a látványos mennyiségű borfogyasztással járó éttermi vacsorák.

A rendszer, amit előcsalogató autók számára terveztünk, egy GPS-szel felszerelt hardver egységből és vezeték nélküli adatátviteli modemekből, illetve programozható mikroprocesszorból álltak. Ennek az egységnek bemeneti és kimeneti kapcsolódásai voltak, amelyek az autó ajtajával, akkumulátorával, szonotródjával, motorindítójával és csomagtartójával álltak összeköttetésben. Az egységet az autó motorterébe rejtették, míg magát az autót a rendőrség olyan stratégiai pontokon helyezte el, ahol tolvajok járnak és előreláthatóan elviszik. Ugyanakkor, ha a tolvaj kinyitotta az ajtót, az egység ezt érzékelte és a mikroprocesszor aktiválta a GPS-t és a vezeték nélküli adatátviteli modemet, üzenetet küldött az figyelőszoftvernek, amelyet a 911 központjába telepítettünk, megjelenítve az autó helyzetét az utcaszintű térképen, ahol tolvaj éppen a lopott autót vezette. A rendőrautót ekkor a helyszínre küldenék, hogy fogja el a tolvajt; és amint a rendőrség látótávolságon belülre kerül, képesek voltak a motor kikapcsolására és az ajtók lezárására. Abban az esetben, ha a lopott autót egy garázsba, vagy egy épületbe rejtenék, a rendőrség képes lenne az autó szonotródáját egy mobiltelefon-hívás segítségével aktiválni, hogy rájöjjenek, hol rejtette el a tolvaj az autót. Ennek a rendszernek a kifejlesztéséért én voltam felelős, és remek érzés volt, amikor a rendszer teljesítési igazolását a rendőrség aláírta.

Ezzel egy időben a .com cégek értéktőzsdei zuhanása félelmet keltett a Bay Street-i befektetőkben, és a szállítmányozási cég, amelyben részesedésem volt, nem bocsátott ki részvényeket. Ebből az okból kifolyólag, a részesedésem, amelyet a HGI eladása fejében szereztem, értéke a 2 millió $-ról 0$-ra csökkent. Ez a tapasztalat fontos dolgot tanított a számomra a vállalat-átadásokat illetően. A cég, amely a HGI-t megvásárolta, képes volt megszerezni a HGI részvényeit és ezeket egy másik cégen keresztül értékesíteni, amely egy a Torontói Tőzsdén jelenlévő cég leple alatt kezdett tevékenykedni. Ők az én befektetésem és kemény munkám haszonélvezői lettek; ezt a leckét jól megtanultam, és örülök, hogy túljutottam rajta, anélkül, hogy keserű érzések maradtak volna meg bennem.

Túlságosan a technológia kifejlesztésére koncentráltam, és nem figyeltem eléggé oda a becsapós törvényi manőverekre. Ennek okán én voltam az aki ennek a költséges botlásnak a felelősségét magára vállalhatta. 2001 augusztusában lemondtam pozíciómról a HGI-nél; úgy döntöttem, hogy vágyamat követve újra belevágok álmom, hogy milliomos legyek, megvalósításába. Ahogy a mondás tartja: *Lemondtam az első milliómról. Most a másodikon dolgozom!*

Nemzetközi összefogásban az üzletfejlesztésre koncentrálva Indiában folytattam a tevékenységemet. A Kanadai Nemzetközi Fejlesztési Ügynökség (CIDA INC) pénzügyi hozzájárulással támogatta ezeket a fáradozásaimat. A Külügyi Kapcsolatok és Nemzetközi Kereskedelmi Hivataltól (DFAIT) erkölcsi támogatást kaptunk, egy magas rangú kereskedelmi delegáció formájában.

221

Indiai látogatásom alatt olyan indiai cégeket kerestem, akikkel üzleti szövetséget köthetnék azzal a céllal, hogy Indiába helyezzük át a Vészfelkészültségi és Káresemény Menedzsment technológiánkat. A New Delhi megálló folyamán bemutattak Asok Mookerjee úrnak, a Lea Associates South Asia (LASA), egy kanadai gyökerekkel rendelkező, nagyon sikeres tervezőmérnök vállalkozás, ügyvezető igazgatójának. Randy Trenholm, az CIDA INC Indiai Képviseletének Menedzsere, azt javasolta, hogy Asok és én menjünk el egy golf játszmára, Új-Delhibe. Kanadában éppen hogy csak elkezdtem golfozni, így tartózkodóan fogadtam Randy javaslatát. Ám Randy szerint Indiában a személyes bizalom és barátság kiépítése fontos alkotóeleme az üzleti kapcsolatoknak.

Megbeszéltünk Asok-kal egy játékot április 27-e szombatra. Aznap éjszaka szándékoztam visszarepülni. Reggel kijelentkeztem a Sheraton Hotelben elfoglalt szobámból, csomagjaimat átvittem Randy szobájába; Asok 9-kor sofőr vezette autóval jött értünk. Délelőtt 10 órakor kezdtük a játékot a Jaypee Greens Private Club-ban, amely Noidában, New Delhi észak-nyugati peremén helyezkedik el. Én az egykori Felsőrangú Közutak Minisztériumának Főigazgatójával játszottam, Randy-nek Asok volt a partnere. Asok kölcsönadott Randy-nek és nekem két különleges ütőkészletet. Randy balkezes volt, így jobbkezes ütőkkel játszott. Arra következtettem, hogy vele összehasonlítva nem maradtam szégyenben. Mindkettőnknek volt egy-egy kerekes golf kocsija és egy-egy segédje, aki az ütőket cipelte és a labdákat szedegette. Nagyon kellemes, tizennyolc ügyletes játszmát játszottunk a majd 40°C-os hőmérsékletben.

222

31 kép: Indiai kiküldetés a Kanadai Energia Miniszter
társaságában.

A játék után visszamentünk a Klubházba és a könnyű étkezést lekísérendő, megittunk néhány pohárnyit a King Fisher elnevezésű sörspecialitásból.   Ez egy jó lehetőség volt egy üzleti beszélgetéshez. Arra bátorított, hogy következő Indiába vezető utazásom alkalmával találkozzak Asokkal.   (Asok és én nagyon jó barátok lettünk, valamint - az óta a játék óta - bizalmas üzleti partnerek.)

Asok visszakocsikázott velünk a hotelhez. Gyorsan átöltöztem és kibéreltem a hotel limuzinját, hogy kivigyen a reptérre.   Szerencsétlenségemre,   turista   osztályra   szóló repülőjegyet foglalta. A gépem éjfélkor szállt fel, most - amikor a reptérre értem - éppen este 9 óra volt, azt feltételeztem, hogy három óra elegendő lenne a beszállásra. Amikor a reptérre értünk, a sofőr megkérdezte melyik sorba kellene beállnom.   Azt mondta, hogy a sor olyan hosszú, hogy több mint két órára becsülte   az   épületbe   történő   bejutás   lehetőségét.   Nagy borravalót ajánlottam neki, hogy gyors megoldást találjon a problémára. Volt egy portás barátja, aki ilyen ügyekre specializálódott; azt mondták, hogy 40 USD ellenében tizenöt percen belül bejuttatnának az Üzleti Ügyfelek pultjához. Voltak kapcsolataik az ott dolgozókkal, akik elfogadták a turista osztályra szóló jegyet a beszálló kártya kiállításához. Éltem a lehetőséggel, és biztonságosan bejutottam kevesebb, mint fél óra alatt.

Folytattam a golfot és eredményesen javítottam a 120 pontos (tizennyolc ügyletes) teljesítményemen az első alkalomhoz képest, amikor New Delhiben kilencvenügyletes játszmát játszottunk. A fiam, Michael és én, minden alkalommal játszottunk, amikor Madison-ban meglátogattam, vagy amikor ő jött el hozzánk Ottawába. Úgyszintén, amikor Asok üzleti céllal Ottawába érkezett, mindig beiktattunk néhány játszmát. Ő ugyanígy tesz, ha én látogatok el Indiába. 2002 óta tizennégy alkalommal jártam ott, üzleti céllal. Asok és én mindig elértük, hogy látogatásaink ideje alatt sűrű programtervünkbe néhány játékot beillesszünk.

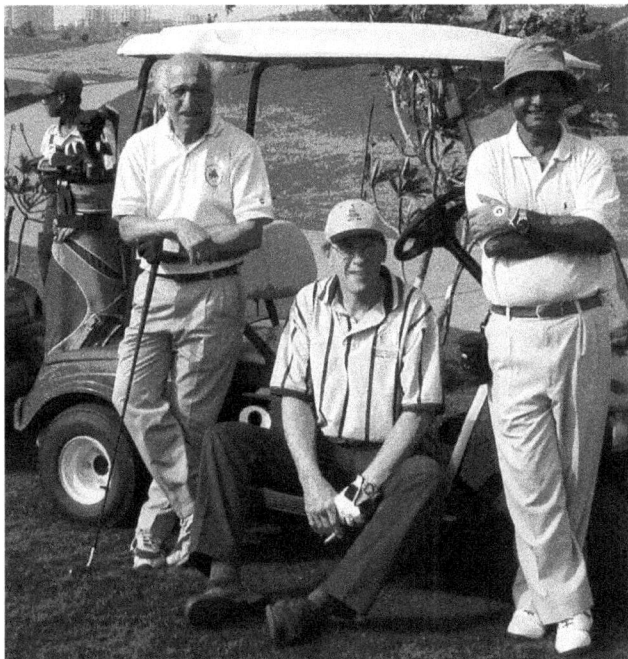

32 kép: Golf Indiában Asokkal (sapkában) és Randy
Trenholmmal (ülőhelyzetben).

Az élet szép volt, élveztük a világjárást. Gyermekeim
mindannyian sikeres karriert futottak be, Rose és én pedig
szépen éltünk egymás mellett. Még mindig dolgozom, és
igazán boldog vagyok.

Végkövetkeztetés

Sikeres munkát végeztem mind a Kormányzatnál, mind a magánszektorban. Boldog is voltam mindkét területen. Szerettem az utazásokat és az embereket, akikkel találkoztam. Utazgattam a világban és sok barátot szereztem.

Nagypapa, nyugodj békében. Én megéltem azt az életet, amelyről a történeteidben meséltél; kimerészkedtem a Nagyvilágba és megszerettem azt az életet.

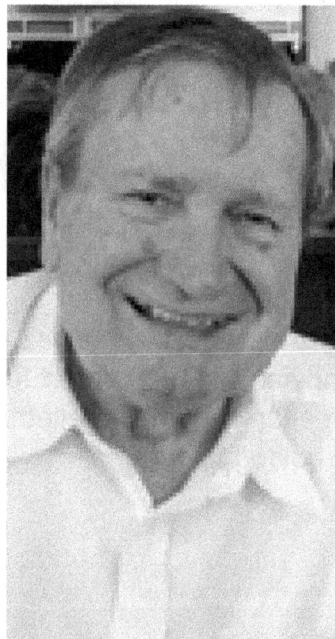

33 kép: A nagyapám és Én

226

www.ingramcontent.com/pod-product-compliance
Lightning Source LLC
Chambersburg PA
CBHW071214090426
42736CB00014B/2823